全国中等职业技术学校商贸类通用教材

财经应用文写作

（第二版）

韦志国　主编

中国劳动社会保障出版社

简介

本书介绍了财经应用文写作的有关知识，内容包括财经应用文写作基础知识、财经公务应用文、财经事务应用文、财经专业应用文。本书立足商贸领域，结合丰富的案例，通俗而较全面地讲解了在财经商贸工作中常见各类财经应用文的特点、写作方法和写作技巧，内容实用。

本书由韦志国任主编。

图书在版编目（CIP）数据

财经应用文写作 / 韦志国主编 . -- 2 版 . -- 北京 : 中国劳动社会保障出版社，2024
全国中等职业技术学校商贸类通用教材
ISBN 978-7-5167-6136-6

Ⅰ. ①财…　Ⅱ. ①韦…　Ⅲ. ①经济 - 应用文 - 写作 - 中等专业学校 - 教材　Ⅳ. ①F

中国国家版本馆 CIP 数据核字（2023）第 220655 号

中国劳动社会保障出版社出版发行
（北京市惠新东街 1 号　邮政编码：100029）
*
三河市华骏印务包装有限公司印刷装订　　新华书店经销
787 毫米 ×1092 毫米　16 开本　10.75 印张　213 千字
2024 年 2 月第 2 版　　2024 年 2 月第 1 次印刷
定价：24.00 元

营销中心电话：400-606-6496
出版社网址：http://www.class.com.cn
http://jg.class.com.cn

前言 PREFACE

商贸类专业主要包括市场营销、会计、电子商务、物流管理等专业，这些专业对学生在经济、法律、管理、营销、礼仪等方面基础知识和基本能力的要求具有一定的共通性，适合开展通识教育。为此，我们曾组织编写了全国中等职业技术学校商贸类通用教材。

近年来，随着我国经济、社会和科技发展，市场营销、会计、电子商务、物流管理等领域的政策法规发生了一定的调整，部分专业的理论知识不断创新，行业发展模式发生较大变化，对相关从业人员的知识水平和职业能力水平提出了更高的要求。为适应这些变化，培养更加符合市场需求的商贸领域人才，我们组织了一批教学经验丰富、实践能力强的一线教师和行业、企业专家，在充分调研的基础上，对这套教材进行了修订。

本套教材主要有以下几个特点：

第一，通俗易懂，内容实用。教材本着学以致用的原则，充分考虑学校的培养目标、教学实际，学生的学习特点和企业的用人需求，将理论知识与操作技能有机融合，突出对学生实际操作能力的培养，修订了偏难、偏专、偏理论化的内容，切实做到管用、够用。

第二，贴近时代。教材加强对学生价值观的引导，力求体现近年来各专业相关理论和实践方面的发展趋势，与最新的法律法规、行业标准保持同步，具有鲜明的时代感。

第三，配套资源完善。教材同步开发了配套的电子课件及习题册，电子课件及习题册答案可登录技工教育网（jg.class.com.cn）搜索下载。部分教材针对教学重点和难点制作了演示视频等多媒体素材，学生扫描二维码即可在线观看或收听相应内容。

本套教材的编写得到了有关省市人力资源社会保障部门及一批技工院校的大力支持，教材的编审人员做了大量的工作，在此，我们表示衷心的感谢！同时，恳切希望广大读者对教材提出宝贵的意见和建议。

编者

目录 CONTENTS

第一章 财经应用文写作基础知识

学习目标

◎ 了解财经应用文的含义、特点、主要类型。

◎ 了解培养财经应用文写作能力的主要途径。

◎ 掌握财经应用文表达主题、搜集整理及使用材料的方法。

◎ 理解财经应用文词语、句子、图片与表格的使用要求。

◎ 掌握财经应用文结构的一般模式。

第一节 财经应用文概述

一、财经应用文的含义

应用文是机关、团体、企事业单位及人民群众在工作、学习和日常生活等社会活动中，为了处理各种公私事务、传播交流信息、表述意愿、解决实际问题而使用的具有直接实用价值、格式规范、语言简约的多种文体的统称。

财经应用文是机关、团体、企事业单位及其工作人员在经济、贸易、财务等活动中用来反映财经情况、处理财经事务、传播财经信息、研究解决财经实用问题时所使用的一种具有特定格式的专业应用文。

二、财经应用文的特点

财经应用文具有应用文的共性特征，主要包括以下方面：

第一，实用性。财经应用文的写作目的非常明确，是为了满足现实中的实际需要，具有实用价值。

第二，真实性。财经应用文的内容必须实事求是、客观真实，杜绝虚构、想象、夸张。

第三，程式性。财经应用文的体式、结构、称谓、用语、签署、排印等都有规范格式，语言主要使用规范的现代汉语。

第四，准确性。财经应用文的时间要素非常清晰，无论是事务涉及的时间，还是撰写、发布的时间，都应当准确清楚。

由于内容与使用领域的特殊性，财经应用文与其他应用文相比还具有特殊性，主要体现在以下方面：

（一）内容专业性强

财经应用文所处理的事务主要集中在经济、贸易、财务等领域，服务于这些领域的财经活动，必定要体现这些领域的基本规律。因此，财经应用文的内容具有很强的专业性，这就要求写作者深入了解本领域的知识和业务。

（二）政策法规制约性强

财经工作的开展，必须严格遵守国家相关的经济政策、法律、法规、规章、制度等。这就要求财经应用文必须符合政策法规的要求，内容不能与政策法规相抵触。此外，财经应用文的撰写、发布等工作也应当遵守相应的行文制度。

（三）信息时限性明确

财经应用文的时限性包括三个方面的含义：一是财经应用文所反映的信息必须是最新的而不能是过时的；二是写作者应根据具体工作的需要，及时撰写、处理文件，并对文件的执行日期加以明确说明；三是财经应用文的有效期限要明确，在到达有效期限之后，文件即告失效。

（四）表达媒介丰富多样

财经应用文除了使用规范精练的文字外，还会使用数据、图片和表格。数据的特点是准确，对于读者了解情况、分析问题、提出对策具有重要意义；图片能够直观呈现事务的当前状态，便于信息的传递和接收；表格能够将数据条理化，展现出数据之间的内在关系。如果没有数据、图表作为媒介呈现内容，财经应用文的时效性、实用性、准确性必然受到极大的限制。

三、财经应用文的类型

财经应用文种类繁多，依据不同的标准，财经应用文可以分为不同的类型。本书根据财经应用文所处理事务的领域、性质，将其分为三大类型，即财经公务应用文、财经事务应用文和财经专业应用文，详见表 1–1。

表 1–1 财经应用文的类型

使用领域	类型	常用文体
党政公务	财经公务应用文	通知、通报、通告、报告、请示、批复、函、纪要
日常事务	财经事务应用文	计划、总结、规章制度、启事、简报、消息
财经业务工作	财经专业应用文	（1）协约文书：商务信函、商务谈判方案、意向书、协议书、合同 （2）调研决策文书：调查方案、调查问卷、市场调查报告、市场预测报告、可行性研究报告、经济活动分析报告 （3）招投标文书：招标公告、招标书、投标函、投标书、投标邀请书 （4）营销文书：广告文案、营销策划书

四、培养财经应用文写作能力的途径

提高财经应用文写作水平是一个长期的实践过程，需要学习者在日常工作和学习中有针对性地培养和训练，培养财经应用文写作能力的主要途径有：

（一）熟悉财经业务工作，掌握财经业务知识

财经业务工作是写作财经应用文的基础，写作的主题、内容均来自业务工作，写作的效用也会体现在业务工作之中。写作者应充分学习和了解财经业务工作。写作者需要掌握的财经业务知识范围非常广泛，如财经法规知识、财务会计知识、市场调研知识、金融知识、营销知识、商品知识等。

（二）规范使用现代书面汉语，掌握积累财经专业语言

财经应用文对语言的基本要求是准确、简洁、规范，避免使用口语化、文学化、随意化的语言。除了使用通用书面语言外，财经应用文还会大量使用财经专业语言，如各

种专业术语、专业表达句式等。因此，写作者在熟练掌握通用书面语言之外，还要掌握积累足够的财经专业语言，以满足写作需要。

（三）树立明确的文体意识，强化规范写作的意识

不同的财经应用文具有各自独特的要求，不同的文体不仅适用情况有别，而且文体自身的内在要求也迥然相异。某些文体名称、作用看上去相似，却属于不同的文体类别，它们之间的差异非常细微，不容易分辨。写作者如果不能准确把握这种差异，所写出来的财经应用文就会成为“四不像”，造成文种混乱、杂糅，这样势必会削弱文书的严肃性。

为了避免上述现象的出现，写作者应当树立明确的文体意识，准确把握各种文体的内在特征和外在表现形式，尤其是要熟练掌握各种文体的适用情况，综合考虑写作目的、阅读对象等多种因素，确定适当的文种。在写作过程中，还应时刻注意检查文章是否体现了文体特征，是否出现了文种杂糅，以及是否符合行文规则等。

写作是否规范是衡量财经应用文写作水平的重要标准。其规范性体现在多个方面，既有宏观的，如文章的文字表达、篇章结构、体例格式；也有微观的，如标点符号、计量单位、层次序号等。为了强化财经应用文的规范性，写作者应当着重学习、消化、吸收国家的相关规定和标准，如《党政机关公文处理工作条例》《党政机关公文格式》《出版物上数字用法》《标点符号用法》等。

（四）认真分析范文和病文

首先，选择典范的应用文，从文种选择、篇章构思、遣词造句、表达方式等方面进行研读，认真分析，进而掌握各类应用文的写作规范。其次，还要进行病文修改的训练，训练一般安排在范文研读之后，目的在于检验写作技能的熟练程度，准确发现在掌握写作规范方面的不足之处，从而对症下药，予以提高。

这两种训练方法不仅是学习写作财经应用文的有效手段，对于从事实际工作也具有重要的现实意义。人们在课本或课堂上学习的内容毕竟是有限的，而在具体的实际工作中难免会遇到未曾学习过的文种，在有范本可供借鉴的情况下，过硬的范文研读能力将有助于学习者迅速掌握写作要求和方法。此外，写作人员往往也是校对人员，需要敏锐发现并修改文件草稿中的错别字甚至错误表述，所以病文修改技能也应是写作者必备的技能。

（五）经常进行写作实践

如果说上一种方法概括为“多看”，那么这种方法可概括为“多写”。要想提高财经应用文写作能力，最有效的方法就是经常进行写作练习，再将自己的文章与范文比

较，不断地修改完善，只有这样才能掌握财经应用文写作的知识和技能。

（六）在团队合作中提高写作能力

写作者要能够在团队合作中提高自己的写作能力。撰写财经应用文不同于个人创作文学作品，往往需要来自不同岗位、不同专业的多名写作者共同参与，撰写重要的财经文件（如调研报告等）则需要组建一个写作团队来共同完成。写作者既要贯彻落实上级领导的意图，也要善于和同事进行沟通协作，在写作过程中分工配合。这就要求写作者作为一名团队成员具有开放包容的胸怀，能够虚心接受不同的观点和意见，乐于分享个人见解，必要的时候能坚持个人主张，在团队协作中与同事建立和谐融洽的合作关系，从而有效提升写作质量。

思考与练习

1. 结合本书提供的例文（任选一篇），说一说财经应用文这种文体的本质特征。
2. 根据本节所学，为自己拟订一个本学期提高财经应用文写作能力的学习计划。

第二节 财经应用文的主题

一、主题的概念和作用

主题也称主旨、主题思想，是客观事物、社会生活与作者主观思想相结合的产物。在财经应用文中，主题是指应用文所要表达的中心思想，是写作意图和目的在文章中的集中体现。

主题是应用文的核心内容，是写作动机的直接体现，决定着文章的选材、语言、结构等其他要素。文章的选材需要围绕主题确定，语言需要根据主题使用，结构也应当有利于表现主题。

二、财经应用文主题的原则与要求

（一）正确

财经应用文的主题必须正确，这是撰写应用文的基本要求。财经应用文的主题要以马列主义、毛泽东思想、邓小平理论、“三个代表”重要思想、科学发展观、习近平新时代中国特色社会主义思想为指导，符合党和国家的方针政策、法律、法规，同时也要符合客观实际，反映出客观事物的本质与规律。检验主题是否正确的标准主要有以下几种：一是是否符合党和国家当前的指导思想、路线、方针和政策；二是是否符合国家现行的法律、法规；三是是否符合社会实践、客观实际情况；四是提出的观点或措施是否有针对性；五是提出的措施是否具有可行性，能否在实践中贯彻。

财经应用文的主题如果符合上述一项或多项标准，一般就是正确的；反之，如果违反了上述任意一项标准，就是错误或不当的。

（二）明确

主题必须明确，不能隐晦或使人产生错误理解。主题明确主要包含以下几方面：一是观点明确，不模棱两可，可使读者直接把握，无须猜测推理；二是态度明确，肯定或否定，同意或反对都应明确说明，不可含糊暧昧；三是语言表达明确，不得使用语义模糊的词语、产生歧义的句子。

只有做到以上几点，财经应用文的主题才会得以准确表达，不会造成读者理解的差异，也不会存在多种解释。

（三）集中

财经应用文应当做到“一文一事，一事一文”，即一篇应用文要集中表达一个主题，重点要突出。应当避免不同事务的不同主题合并在一份文书中表达，或者同一事务分散到多份文书中表达。

在不同文体中，主题集中的表现略有差异。某些篇幅简短的文种（如批复、通知等），所表达的主题只有一个方面，“一文一事，一事一文”表现得比较明显。某些篇幅较长的文种（如调查报告等），信息量大而庞杂，往往要有一个总主题统领全文，再围绕总主题形成若干分主题。这些分主题是为总主题服务的，不能互不相干或互相矛盾。

三、财经应用文表达主题的方法

（一）利用标题表达主题

标题即文章的名称，是应用文必不可少的构成要素，也是表达主题的重要途径。

1. 公文式标题

公文式标题有严格的模式要求，由发文主体名称、事由和文种三个要素组成。发文主体名称后面往往加上介词“关于”，构成一个以文种为核心的偏正词组，见表 1–2。

表 1–2　公文式标题构成及举例

构成要素	发文主体名称	介词“关于”	事由	文种
标题举例	×× 公司	关于	召开职工座谈会	的通知
	×× 公司	关于	李 × 违纪情况	的通报

事由应用简洁的词组准确概括所要处理的事务，直接点明主题。词组一般有两种类型，即动宾词组和偏正词组。表 1–2 中的“召开职工座谈会”便是动宾词组，“李 × 违纪情况”便是一个偏正词组。相对而言，财经应用文标题中采用动宾词组概括事由的情况更为常见。如果构成要素齐全，那么就形成完整的公文式标题；有时对内行文出于简便的目的，可以省略发文主体名称，或者省略事由，形成省略的公文式标题。正式行文一般不得省略事由。

2. 普通式标题

普通式标题没有固定的构成要素与组合方式，一般采用简短的词组或句子直接揭示文章主题，消息、简报、调查报告等文体经常采用这种标题。例如：

制造业投资项目纷纷落地　前 7 个月制造业投资增速预计为 6.1%

3. 组合式标题

组合式标题采用正副标题组合的方式表达主题。正标题点明文章的主旨或内容，往往带有一定的修辞色彩，具有吸引力；副标题则对正标题进行补充。正副标题相互配合，增强了组合式标题的表现力。例如：

“蒜你狠”“豆你玩”“姜你军”是怎么产生的？

——农产品价格暴涨调查

（二）利用主题句表达主题

主题句是应用文中特有的语言现象，即在应用文中明白、准确地表述文章欲达到的目标或结果，又高度概括并表述文章思想或态度的句子。应用文中的主题句往往位于正文开头部分，或置于发文依据、背景后。例如：

根据《全国经济普查条例》的规定，国务院决定于 2023 年开展第五次全国经济普查。现将有关事项通知如下。

这段话为《国务院关于开展第五次全国经济普查的通知》（国发〔2022〕22 号）的开头段，在介绍了发文依据后，以“国务院决定于 2023 年开展第五次全国经济普查”一句说明全文意图和主要工作任务。

（三）利用段旨句（小标题）表达主题

段旨句是应用文各层次或自然段的中心句，一般表达围绕总主题所形成的分主题，对总主题起着深化和细化的作用。例如，在部署某项工作的应用文中，段旨句能够明确描述不同的工作措施与要求。段旨句也可以单独成行作为小标题使用，末尾不加标点。例如：

（二）管理程序

1. 制定操作方案

各省级财政部门会同商务部门，按照下达的资金额度及相关规定，制定本地区资金使用管理的操作方案，明确支持标准，确定资金申报、审核及拨付等具体程序和所需材料等具体要求，于本通知下发2个月内将操作方案及项目安排意见报送财政部、商务部备案。

2. 拨付资金

各省级财政部门在确定操作方案及项目安排后，按规定程序将资金及时拨付到项目实施单位。

3. 项目验收

各省级商务、财政部门要督促项目实施，在项目完成后及时进行验收。

4. 绩效评价

各省级商务、财政部门要按照现行有关办法规定，结合项目特点，认真组织实施绩效评价工作，并将其作为加强项目资金管理和安排以后年度资金的重要依据。

在这段选文中，“管理程序”是小标题，综合概括了“制定操作方案”“拨付资金”“项目验收”“绩效评价”等措施的具体内容。“制定操作方案”等内容也是段旨句，点出了各自对应内容的核心信息。

段旨句与小标题一般位于各层次或自然段的开始位置，便于读者迅速把握，提高阅读效率。如位于段尾或段中，则会给读者阅读理解带来困难，容易造成主题模糊。

（四）利用篇末概括性语句表达主题

大多数应用文使用固定的套语式结尾，不需要在篇末回顾全文、重申主题。但某些文体（如意见、报告、决议、总结等）在篇末应当使用高度概括性的语句再次点明主题，以使全篇首尾呼应。

思考与练习

修改下列标题。

1. 申请购买发票打印机
2. 春节用品的请示
3. 关于罗成海制作员工证的请示
4. 关于电梯改造旧件拆下后无用材料处理的报告
5. 关于新部门的请示
6. 关于组织全体职工支援“希望工程”捐款的通知
7. ×× 公司关于违反考勤制度的通知
8. ×× 公司关于做好节能减排工作问题的通知
9. ×× 公司关于通知工作会议召开时间与要求的通知
10. ×× 公司关于撤销的报告

第三节 财经应用文的材料

一、财经应用文材料的概念、作用和类型

财经应用文的材料是指运用于财经应用文中的事实和理论依据。

材料是主题得以表现的基础，是提出问题和观点的依据。材料与主题共同构成应用文的内容。如果说主题是文章的灵魂，那么材料就是文章的血肉，使应用文内容充实完整。

财经应用文的材料按照不同标准可分为多种类型，总体上可划分为事实依据材料和观念依据材料两大类。事实依据材料包括事例、数据和背景资料等，理论依据材料包括政策法规、规律、定理、公式、名言、典故、谚语等。

在此基础上，还可以根据材料的性质、形态及来源的不同区分为若干种类型，如个别材料和综合材料、一般材料和典型材料、现实材料和历史材料、背景材料和中心材料、正面材料和反面材料、直接材料和间接材料等。

二、财经应用文选择使用材料的原则和要求

根据财经应用文的用途和特点，选择使用材料应坚持以下原则和要求。

（一）真实可靠

财经应用文各种类型的材料首先应确保真实可靠，即必须是客观真实的，经过核实与验证。事例类材料的起因、经过与结果必须确凿无误，真实、客观、准确反映事件过程，不可捏造虚构；数据类材料的来源必须可靠权威，能够客观反映现实，不能夸大、缩小甚至捏造数据；理论依据材料必须经过实践检验，得到公认，不可采用容易引起误解甚至争议的理论。

（二）典型精当

典型，是指材料要能够深刻揭示财经工作的规律和本质，具有较强的普遍性、代表性、概括性，在实践中能够得到较为广泛的印证和支持。

精当，是指材料必须符合表达主题的需要。主题统领材料，是决定材料取舍、衡量材料是否得当的标准。财经应用文的材料应与主题保持高度一致，要抓住与主题密切相关的要点进行表述，材料必须支持、服从、证明主题。

（三）新颖简要

新颖，是指材料能反映现实，具体可表现为案例、事件发生的时间近，内容和做法新等，让读者产生兴趣和好奇。

简要，是指材料的语言表述应简练。在保证基本要素清楚的前提下，叙述事件经过要力求简洁，不可过度渲染氛围或刻画细节；论述观点应采用精练的语言呈现逻辑关系，不宜过于琐碎啰唆；说明事理应当条理清晰，语言准确严谨。

三、获取搜集材料的方法和要求

（一）日常积累

获取搜集材料最便捷、最常用的方法是平时积累。在日常生活和工作中，可时刻注意搜集与财经相关的各类信息和材料，如工作总结、领导讲话、信息简报、新闻报道等。经过日常积累，在财经应用文写作时可加以整理，加工使用。

（二）查阅文献

查阅文献是获取搜集材料的重要途径，对于财经应用文写作而言尤为重要。文献资料有纸质版和电子版两种类型，主要包括上级来文、已归档文件、工具书、各类专业书籍、报刊、网络信息等。

（三）观察

观察的方法主要有：总体观察（对事物整体的把握）、细节观察（对事物局部细节的观察）、比较观察（在观察中同中求异或异中求同）、进程观察（注重关注事物发展变化的动态过程）等。

（四）调查研究

调查研究是人们在实践基础上认识客观事物及其规律的自觉活动。调查研究往往适用于具有重要作用的财经文体，如决定、意见、调查报告等。写作者可以从专门的调查研究中搜集获取相关资料和数据信息，特别是确定主题后可以围绕主题找资料。

四、财经应用文材料的整理

在获取搜集到所需的各类材料后，写作者需要对其进行整理。这一阶段主要需进行以下两方面的工作。

（一）审查筛选

对于搜集的材料，首先应当保证其真实可靠，因此需要审查验证各类直接材料或间接材料，保留真实材料，舍弃虚假材料，补充完善存在欠缺的材料。

（二）分类整合

在搜集材料时受到各种因素的影响，所获取的材料一般是零散、杂乱的，缺乏系统性的联系，写作者要根据内容的关联性、重要程度、与主题的相关度等标准对材料进行分类和整合。

五、财经应用文材料的使用

（一）先提观点，后列材料

有的财经应用文特别是公务应用文通常在段落的开头用一句话或词组提出观点，然后列举具体事例或其他材料支撑这一观点。采用这种方式组织材料和观点具有非常明显的优点，能够使读者迅速把握要点，提高阅读效率，因此在财经应用文中使用频率非常高。例如：

服务外包企业数量快速增长。2016—2020 年，全国每年新增服务外包企业数量分别为 4 996 家、4 173 家、5 533 家、5 619 家和 6 026 家。截至 2020 年年底，中国服务外包企业数量达 6 0574 家，比 2015 年增长 76.7%，年均增长 12.1%。

（二）先列材料，后提观点

有的财经应用文先将有关的事实依据材料、理论依据材料等一一列举，然后归纳观点，得出结论。这种材料组织方式的特点是可避免先入为主，做到事理交融，具有较强的说服力。例如：

美欧等加快出台制造业回迁计划，加速产业链、供应链本土布局，跨国公司调整产业链、供应链，全球产业链、供应链面临新一轮重构，区域化、近岸化、本土化、短链化趋势凸显。同时，制造业“缺芯”、物流受限、运价高企等情况不同程度存在。这些因素导致全球产业链、供应链面临的挑战进一步增大。

（三）材料与观点交织

有的财经应用文边列举材料边说明观点，观点与材料层层相扣。这种方式适用于说明复杂情况或问题，主要应用于说理性较强的文体，如讲话稿、决议等，在其他文体中比较少见。

思考与练习

1. 某所学校有位同学捡到十万元巨款后归还失主，事后并没有向学校报告。失主多方打听，了解到该同学所在的学校，送来一面锦旗表示感谢。假如你是学校校报的一名记者，报道此事应当搜集哪些材料？通过什么方法来搜集？

2. 假如你是校学生会学习部的一名负责人，准备举办全校范围的会计知识竞赛。在撰写竞赛组织计划时，你需要搜集哪些材料？如何获取这些材料？

第四节 财经应用文的语言

一、财经应用文词语使用要求

词语是语言中一种音义结合的定型结构，是能够独立运用的最小的造句单位。词语使用的具体要求包括以下几个方面：

（一）词语内涵必须明确

词语的内涵明确是传递信息的重要前提。财经应用文使用的词语大多存在于特定的语境中，其内涵、意向必须准确明晰，不可造成歧义或意义模糊。具体而言，需要注意以下几点：

1. 认真筛选近义词

近义词虽然词义相似，但彼此之间存在着细微的差异。在财经应用文写作中，应当格外注意辨别相似词语之间的差异。例如以下几组近义词：

实施、实行　　建立、设立　　开展、举行　　落实、贯彻

2. 准确使用专业术语

专业术语往往在专业文章中使用，如涉及特定领域，财经应用文应当使用该领域的专业术语，使文章更准确。写作者在平时应注意积累相关的专业词汇，写作时才能够得心应手。财经应用文中常见的专业术语如销售收入、毛利润、净利润、供需、零售、供应链等。

3. 恰当使用特定词语

特定词语是指在某些特定情境或场合中对特定对象的指称，如“预付款”“尾款”“欠款”“借款”“押金”等特定词语。合理使用特定词语能够增强写作表意的准确性。

4. 注意同音词和音近词

同音词与音近词在汉语词汇中比较常见，它们发音完全相同或者相近，容易混淆。财经应用文中常见的这类词有：

必须、必需　　截至、截止　　实验、试验

电器、电气　　指示、指使　　意义、异议

当撰写发言稿等需要现场朗读的文稿时，写作者应注意同音词与音近词的合理使用，避免听众产生误解。

（二）规范使用简称略语

简称略语是一类特殊的词语，是指对一个复杂语言片段的压缩。在财经应用文中使用简称略语可以提高表达效率，使语句简洁。使用简称略语应注意以下两点：

1. 使用规范简称略语

词语或语句在简化过程中会产生不同的简化方式，一般只有其中一个是规范用法。正确使用规范简称略语时，即使没有出现全称或完整的语句，读者也能准确地理解其所指对象或所表达的含义。财经应用文常用的简称略语举例如下：

“十四五”规划　　共建“一带一路”　　协调推进“四个全面”战略布局

2. 非规范简称略语应当注明

有些简称略语并不被社会普遍了解，而是仅仅存在于特定的行业、部门、系统、群体内部。一般情况下，这类简称略语出现在内部文件时，即使不加说明，读者也能理解其含义。但如用在对外发布的文件中，则容易造成理解困难。因此，在财经应用文写作时应注意：如使用特定系统或部门内部特定的简称略语，应在文件中第一次出现时使用全称，并用括号注明简称略语。例如：

我公司所属企业还存在着高能耗、高污染、低效益（以下简称“两高一低”）的现象。

（三）财经应用文常用的公文专用语

在财经应用文写作中使用公文专用语，能增强语言的庄重色彩。例如：

1. 开端用语：根据、按照、为了、由于、随着、据了解、据调查、经研究、经查明。
2. 承启用语：现将相关事宜通知（通报、报告）如下。
3. 经办用语：经研究、已经、现将、试行、执行、贯彻执行、参照执行。
4. 祈请用语：请、希、望、盼、拟请、恳请。
5. 称谓用语：第一人称常用“本公司（本部门、本厂）”等，第二人称常用“贵公司（贵厂、你厂）”等，第三人称常用“该同志（该事件、该行为、该企业）”等。
6. 敬辞：请、遵照、呈、报请、谨呈。
7. 表态用语：要、必须、务必、坚决、严加、禁止、不准、严禁。
8. 结尾用语：特此通告（公告、通知、报告、函复）。

（四）数字、量词使用规范

财经应用文中使用的数字主要有阿拉伯数字和汉字数字（小写）两种形式，二者的使用具有较为严格的规范，详见表 1-3。

表 1-3　财经应用文数字用法规范简表

<table>
<tr><th>数字形式</th><th>适用要素</th><th>举例</th><th>说明</th></tr>
<tr><td rowspan="11">阿拉伯数字</td><td>文书编号</td><td>000001</td><td rowspan="3">位于“红头文件”的版头</td></tr>
<tr><td>保密期限</td><td>15 年</td></tr>
<tr><td>发文字号</td><td>× 字〔2023〕1 号</td></tr>
<tr><td>正文中的日期</td><td>形成无形资产的，自 2023 年 1 月 1 日起，按照无形资产成本的 200% 在税前摊销</td><td>月、日不用 0 补位
年份为四位数字</td></tr>
<tr><td>文末成文日期</td><td>2023 年 1 月 10 日</td><td>年、月、日齐全
月、日不用 0 补位
年份为四位数字</td></tr>
<tr><td>统计数据等数字</td><td>2023 年上半年销售收入为 1 320 万元，同比增长约 12%</td><td></td></tr>
<tr><td>层次序号
（一般用于第三、四层）</td><td>一、
（一）
1.
（1）</td><td>第一、二层用汉字，第三、四层用阿拉伯数字</td></tr>
<tr><td>附件序号及其中的数量</td><td>附件：1. 报名登记表
2. ×× 名单（共 12 人）</td><td></td></tr>
<tr><td>页码</td><td>— 1 —</td><td>左右加一字线</td></tr>
<tr><td>印刷日期、印刷份数等</td><td>2023 年 1 月 7 日印刷
共印 40 份</td><td>位于“红头文件”的版记处</td></tr>
<tr><td rowspan="4">汉字数字（小写）</td><td>层次序号
（一般用于第一、二层）</td><td>一、
（一）
1.
（1）</td><td>第一、二层用汉字，第三、四层用阿拉伯数字</td></tr>
<tr><td>词、词组、惯用语、规范简称略语</td><td>一清二白　一生一世
十九大　二十大</td><td></td></tr>
<tr><td>规范简称及缩略语</td><td>增强“四个意识”，坚定“四个自信”，做到“两个维护”</td><td>一般需加双引号</td></tr>
<tr><td>作为词语的年份</td><td>一九四九年</td><td>体现庄重</td></tr>
</table>

文中若涉及计量，必须使用国家法定计量单位，如“米”“千克”等。

二、财经应用文句子使用要求

句子是由词或词组构成的能够表达完整意思的语言单位，是语言意义表达的主要途径。财经应用文对句子的使用要求如下：

（一）句式完整、简洁

财经应用文中的句子一般为主谓完全句，要求主语和谓语齐全，结构完整，不可随意省略句子成分。在信息表达清晰准确的前提下，应力求句式简洁、结构清晰易辨。当主语十分明确时，可以省略主语。

（二）语气贴切、得体

财经应用文常用的语气主要有命令（祈使）语气、指导语气、定义语气、说明语气（介绍语气）、论述语气、陈述语气等。

语气首先应切合文种和行文对象。例如，上行文的报告、请示等文体应使用尊重上级、恳切的祈使语气，平行文应当使用婉转谦和的陈述语气，下行文则可使用明确、直接的指导语气。

（三）文风朴素、庄重

财经应用文应杜绝过于雕饰的文风，避免溢美之词，反对套话、大话、空话、假话，追求朴素、庄重的文风。

（四）财经应用文高频语言错误改正示例

1. 口语化

错误示例：选择我们的展会有很多好处，是其他展会所不具备的巨大优势。

改正示例：与其他展会相比，本届博览会具有多方面的优势。

2. 动宾搭配不当

错误示例：还邀请到国内顶级水准的动漫游戏工作室，以及他们最新的产品，来到展会。

改正示例：将邀请国内顶级水准的动漫游戏工作室携最新作品参加展会。

3. 动词缺失

错误示例：茶艺是弘扬茶文化、身心修养的高层次文化活动。

改正示例：茶艺是弘扬优秀传统文化、提高身心修养的高雅活动。

4. 主谓搭配不当

错误示例：为了适应时代的变更，技术我们一直都在不断提高。

改正示例：为了适应时代发展，我们不断提高技术水平。

5. 定语不当

错误示例：现在让我们用一颗狂热的心来迎接即将开幕的 20×× 首届动漫博览会。

改正示例：现在，我们怀着激动的心情迎接 20×× 首届动漫博览会正式开幕。

6. 表述过冗

错误示例：这几年动漫迅猛发展，是当代青年对自己美好生活的向往和未来期待的想象。

改正示例：近年来动漫产业迅猛发展，体现了当代青年对美好生活的向往和期待。

三、财经应用文图片与表格的使用要求

（一）图片的使用要求

财经应用文中使用的图片应具有自明性，即只看图、图题和图例，读者不阅读正文也能理解图意。图片应有图序、图题，图序与图题置于图片下方。下面以财经应用文中常用的数据统计图表为例，说明图片的使用要求，图片构成要素如图 1–1 所示。

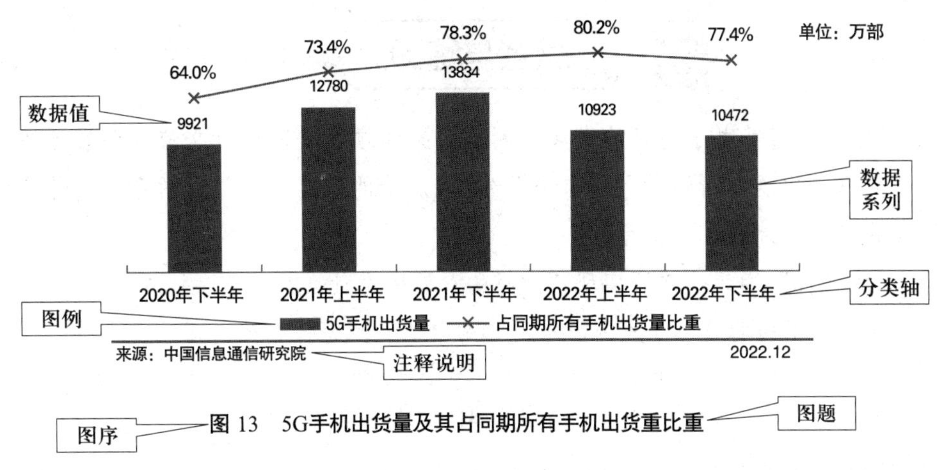

图 1–1　图片构成要素

（二）表格的使用要求

应用文中常用的表格主要有两种类型，一种是以数字为主体的统计表格，另一种是以文字为主体的管理表格。财经应用文中主要使用统计表格。统计表格也应当具有自明性，包括表题、表序。表题与表序应置于表格上方，必要时可将表中的符号、标记、代码以及需要说明的事项以简要文字说明，横排于表题下，或作为表注列于表下。统计表格的构成要素如图 1-2 所示。

财经应用文中使用表格的常见问题主要有：一是构成要素残缺，如遗漏表序或表题；二是数据不准确，出现计算错误或位置错误；三是形式不美观，如纵向项目（行数）较多而横向项目（列数）较少。要避免这些问题，一方面应增强规范意识，严格按照构成要素设计制作表格，另一方面应形成严谨细致的工作作风，尤其在处理各种数据时，要确保万无一失。

表序　**表3　2022 年 1—12 月份东中西部和东北地区房地产销售情况**　表题

地　区	商品房销售面积		商品房销售额	
	绝对数（万平方米）	比上年增长（%）	绝对数（亿元）	比上年增长（%）
全国总计	**135837**	**-24.3**	**133308**	**-26.7**
东部地区	56388	-23.0	77413	-25.1
中部地区	40750	-21.3	28358	-25.7
西部地区	34590	-27.7	24456	-30.6
东北地区	4109	-37.9	3080	-40.9

表注　备注：东部地区包括北京、天津、河北、上海、江苏、浙江、福建、山东、广东、海南10个省（市），中部地区包括山西、安徽、江西、河南、湖北、湖南6个省，西部地区包括内蒙古、广西、重庆、四川、贵州、云南、西藏、陕西、甘肃、青海、宁夏、新疆12个省（市、自治区），东北地区包括辽宁、吉林、黑龙江 3个省。

图 1-2　统计表格的构成要素

思考与练习

1. 近年来，随着电子商务的发展，网络卖家和顾客之间进行交流的语言习惯日益被人们所熟知，出现了所谓的“淘宝体”。网上流传的“淘宝体”通缉令引起热议。请阅读下面的材料，讨论并回答问题：

（1）“淘宝体”通缉令能否实现预期目的？原因是什么？

（2）你认为正式的通缉令是否应采用“淘宝体”？为什么？

通　缉　令

被通缉的逃犯们，××公安“清网行动”大优惠开始啦！亲，现在拨打 110，就可预订“包运输、包食宿、包就医”优惠套餐，在××自首还可获赠夏季冰饮、编号制服。

亲，现在起至12月31日止，您拨打24小时免费客服热线110，包全身体检，包吃住，还有许多聚划算优惠套餐，您对此满意吗？满意请给全五分评价噢！

亲，快回家吧！在外吃不好、睡不好，白天不敢出门，晚上怕见警灯，这哪是人过的日子？亲，回来了，警察会听你诉说的。

各位在逃的兄弟姐妹，亲！立冬了，天冷了，回家吧！今年过年早，主动投案有政策，私信过来吧。

2. 指出下面这篇应用文在语言方面存在的问题，并予以修改。

会议通知

各位参会人员：

时间如白驹过隙，转眼到了6月底。年初，公司曾经提出了全年销售任务目标，并要求时间过半、任务过半。所以，总公司召开关于销售工作的会议十分必要。这次会议的主题是为了了解上半年产品是否销售顺利、市场占有率，尤其是要掌握客户对我们产品的抱怨情况。现将具体的会议有关问题做如下通知：

1. 开会时间暂定于下周，具体时间会提前一天通知，请大家手机不要关机。

2. 参加会议的人员为各个分公司的经理或者主管销售的副经理，其他人员坚守各自岗位。

3. 开会人员在参加会议时，请携带本公司的有关销售情况的统计表。

××总公司办公室

20××年6月20日

第五节 财经应用文的结构

一、财经应用文结构的概念与作用

财经应用文结构指财经应用文的组织形式和内部构造，也就是材料安排的顺序、层次和架构，是财经应用文内部联系和外部形式的统一。

结构是文章的“骨架”，由横向的顺序和纵向的层次结合而成。这些顺序和层次都是有逻辑关系的，它们有机地结合在一起，形成一个整体。只将观点和材料随意堆放在一起，并不能自动形成一个有机的整体，而应按照一个内在的脉络，将其井然有序地组织在一起，形成一篇结构清晰、层次分明的应用文。

二、安排结构的原则与要求

（一）结构安排应当服从主题需要

财经应用文结构安排首先应当服从主题表现的需要，逻辑严谨、充分详尽地说明和表达主题。结构越清晰，主题越明确鲜明。

（二）结构应当完整周密

财经应用文的结构应当完整连贯，开头、主体和结尾等主要部分齐全，各部分之间保持必要的连贯性，适当使用过渡语、过渡句或过渡段。财经应用文的结构还应严谨周密，即各部分之间具有紧密的逻辑关系，内容不可无关或矛盾，各部分之间可以形成因果、并列、递进、主次等多种逻辑关系。

（三）结构应当体现主次详略

财经应用文结构还应安排好主次和详略。不同部分的内容在文章中所占的地位和所起的作用存在差异，主要体现在层次安排和篇幅长短上。重要的内容一般为主要部分，一般放在前面或用更长的篇幅进行深入详细的表述。篇幅的长短和层次的安排体现了详略的差异，一般情况下篇幅较长的内容信息量较大，为比较重要的内容。

三、财经应用文结构的主要部分

（一）层次和段落

应用文的层次是指文章表达主题的阶段和次序，又称“逻辑段”，是小于篇、大于（或等于）段的结构单位。层次体现了事情发展的阶段、问题的各个倾向以及作者思维的过程，是结构诸环节中最重要的一环，结构的完整性和严密性主要通过层次安排得以实现。

应用文的层次一般有明确的外部标志，例如，用文章内的小标题来划分层次，以便读者阅读。如果没有外部标志，读者可根据上下文意义来划分层次。

段落即自然段，是小于层次大于（或等于）句子的结构单位。自然段的划分应做到段意单一、完整并且长短适度。自然段分为规范段和不规范段两种类型。规范段每段表达一个中心意思，在应用文中最为常用。不规范段无法独立表达一个明确的中心意思，一般作为过渡段来承上启下。

自然段的标志一般是段首空两字，段末另起行。某些应用文文体（如规章制度）的自然段也可用序数词作为标志，形成条款式的形态。

（二）开头

财经应用文的开头部分要求直接切入主题，文笔简练，不要渲染铺排。财经应用文常见开头类型见表 1–4。

表 1–4　财经应用文常见开头类型

开头类型	标志	功能	示例
目的式	为、为了	提出发文的动机、缘由和目的，是最常用的开头方式之一	为了提高产品的科技含量，增强市场竞争力，经研究决定……
根据式	根据、遵照、按照	表明发文的依据，一般为上级文件、指示、规章等，是比较常用的一种开头方式	根据本年度工作计划，定于 5 月份开展 ×× 活动……
叙述式	时间	将应用文出台的背景情况作一解释，使读者能更好地理解应用文的内容	自 20×× 年 × 月至今，我公司陆续发生三起消防安全事故，造成直接经济损失 15 万元……

此外还有综合式，即综合使用以上几种开头方式，一般为先叙述背景情况，再点明目的，然后说明依据。

（三）结尾

财经应用文的结尾不追求“言有尽意无穷”的韵味，而是明确提出结论性意见、要求或请求，也可在表述完主要内容后直接完结。常见的结尾方式主要有：

1. 套语式结尾

许多文体需要采用特定的套语作为结束语，例如，通知结尾用“特此通知”，通报结尾用“特此通报”，请示结尾用“当否，请批示”。

2. 希望式结尾

有的文件末尾提出贯彻落实文件精神的要求或希望，例如：

望各单位接此通知后，结合本部门的具体情况，认真贯彻落实，切实提高消防安全水平。

3. 说明式结尾

有的应用文在结尾对与内容有密切关联的情况作必要说明，如规章制度的结尾常为："本规定自即日起施行，原来执行的《××××规定》同时废止。"

4. 总结式结尾

这种结尾往往用在篇幅较长的应用文末尾，对全文主要观点和内容进行归纳和总结，和标题及正文呼应，增强文章的整体性。

5. 零结尾

有的应用文在正文内容表述完毕之后，不再写专门的结尾，这样就形成了所谓的零结尾，也就是没有特定的结束语。随着办文速度的加快，零结尾的运用也日益增多。

（四）过渡和照应

过渡是财经应用文段落之间、层次之间进行衔接的形式或手段。过渡的主要方式有：一是过渡段，如果文章前后内容差异较大则需要使用一个自然段来过渡，过渡段是没有独立意义的段落，它不能用来表达完整意义，而是用来完成内容的转换；二是过渡句，它是用于上段末或下段首的句子，发挥承上启下的作用；三是过渡关联词，常用的有"因此""但是""然而""总之""综上所述"等。

照应是指文章前后内容之间的关照和呼应，可使文脉贯通，结构严谨，重点突出。常用的照应方法主要有：一是文题照应，即正文和标题照应；二是首尾照应，即开头和结尾照应；三是序列照应，即将内容按照排定的序列依次表达，序列的外部标志之间会产生呼应，如"首先""其次""最后"，这样就不会出现错漏。

四、财经应用文结构的主要类型

（一）合一式结构

合一式结构即文章的篇、层、段三者合一，全文没有明确的层次，往往只有一两个自然段。这种结构常用于针对简单事项的通知、请示、函、批复、证明信、留言条、借据等文体。例如：

××省财政厅关于征求明确财政票据管理
有关事项修改意见的函

各市、县、区财政局，省直有关单位：

为进一步深化“放管服”改革，加强财政票据使用管理和财务监督，根据《财政部关于修改〈财政票据管理办法〉的决定》（财政部令第104号）精神，××省财政厅起草了《××省财政厅关于明确财政票据管理有关事项的通知（征求意见稿）》（详见附件），现发你单位征求意见。请于20××年×月×日前将意见加盖单位公章后反馈至财政厅票据管理中心，各市财政局汇总全市及所辖县区财政局反馈的意见，逾期不反馈视为无意见。意见文件请发至邮箱：××@××.gov.cn。联系人：李×，联系电话：×××××××××。

附件：××省财政厅关于明确财政票据管理有关事项的通知（征求意见稿）

××省财政厅

20××年×月×日

（二）总分式结构

在财经应用文中，这种结构最为常见，其主要特征是在开头表述背景、目的或依据后，以“如下”一词过渡到下文，主体部分往往分为若干方面，并以“一”“二”等序号标注。例如：

××支行20××年上半年财务工作总结

年初以来，我行坚持以业务经营为中心，以支持农民和农村中小企业发展为主要目标，不断完善各项规章制度，强化内部经营管理，狠抓规章制度的贯彻落实，努力从源头上防范和化解金融风险，确保各项业务活动健康、稳健、安全运行，取得了显著的经济效益和社会效益。现将半年来主要工作总结如下：

一、基本情况（下文略）

二、主要工作措施

（一）积极发放贷款，全力支持“三农”经济发展（下文略）

（二）调动一切因素，大力组织存款（下文略）

（三）加强会计基础工作，提高会计核算质量（下文略）

（四）抓好规章制度的贯彻落实，促进各项工作规范化（下文略）

三、存在的不足与改进措施（下文略）

20××年7月20日

（三）条款式结构

法律法规、规章制度及合同等文体采用条款式的结构，其主要特征是全部内容或主要内容均用序号标明条款，条款中还可以继续再划分条款。各个条款采用独立的自然段形式，不用深入具体地论述或说明，简练明晰。全文结构严谨，层次分明。例如：

出纳岗位职责

1. 每日清点库存现金，与现金日记账余额核对，做到账账相符。
2. 保证日常现金需要，控制库存现金额度。
3. 管理发票、空白支票等重要票据，登记支票使用情况。
4. 编制收付款记账凭证和银行存款余额调节表。
5. 月末填报资金收支汇总表，做到账表相符。
6. 根据工作流程开具发票和收据，每月按时完成抄报税工作，维护开票软件。
7. 协助制定财务管理流程，参与资产管理，提出合理化建议。
8. 盘点和清查固定资产、库存现金、银行存款，出具行政后勤用固定资产盘点报告。
9. 保管各种财务类证照，办理相关证照年审年检。

（四）表格式结构

计划（方案）、招（投）标书、经济合同等文体，在使用文字难以表述清楚的情形下，可以采用表格。表格式的结构可以使复杂信息得到直观呈现，表达高效、简洁。表格一般为二维表，纵向和横向分别排列相关项目，表格主区域填充具体内容。

（五）综合式结构

综合式结构同时采用以上两种或更多种结构，使财经应用文表达更灵活。

五、财经应用文结构的一般模式

财经应用文的文体虽然种类丰富，但其结构大多遵循一般的模式规律。本书以一篇通知为例，对财经应用文结构的一般模式进行具体说明，见表 1–5。

这里归纳的财经应用文结构一般模式也可以应用于其他文体中，可根据情况进行必要调整。

表 1-5 财经应用文结构一般模式例文解析

构成要素	例文	说明
标题	×× 总公司关于进一步加强安保工作的通知	发文单位＋事由＋文种
主送单位	各部门：	下行文一般可采用统称
开头	自今年 9 月以来，我公司陆续发生了 3 起盗窃案件。为了保护公司财产，减少盗窃案件发生，根据公司决定，拟进一步加强安全保卫工作。现将有关事宜通知如下：	开头部分的一般写法为：背景＋目的＋根据＋主题句＋过渡句 过渡句与标题中文体名称对应
主体	一、成立安保工作领导小组 （一）总公司领导小组 …… 二、建立健全安保工作制度 （一）充分认识安保工作制度的重要意义。 …… 三、配备安保设备设施 ……	第一层小标题，序号为“一、” 第二层小标题，序号为“（一）” 段落主旨句 主体部分的若干层次应按照特定逻辑关系安排先后顺序
结尾	特此通知。	套语式结尾应与文体对应
附件说明	附件：×× 安全保卫工作制度	注明附件文件的标题，不写具体内容。附件完整内容安排在主要文件之后
发文单位	×× 总公司	发文单位用全称或规范简称
成文日期	20×× 年 11 月 10 日	成文日期用阿拉伯数字书写

（一）标题

标题即应用文的名称，是不可缺少的部分。标题一般由发文单位名称、事由和文种组成。

（二）主送单位

主送单位即主要受理单位，应当使用单位全称、规范简称或者同类型单位统称。

（三）正文

正文是表述内容的部分，由开头、主体、结尾构成。

（四）附件说明

附件是正文的说明、补充或者参考资料，一般是独立性很强的文件，如报名表、回执、名单、方案、规章制度等。如果带有附件，则应当在正文结尾之后进行说明，注明顺序号和附件名称，不可将具体内容写在此处。附件的全部内容应当排在主要文件之后。

（五）发文单位

署发文单位全称或者规范简称，应当与标题中的发文单位名称一致。

（六）成文日期

署会议通过或者发文单位负责人签发的日期。联合行文时，署最后一家签发单位负责人签发的日期。

（七）印章

印章是文件生效的重要标志。有发文单位署名的，应当加盖发文单位印章，并与署名单位相符。

以上结构要素是财经应用文各种文体所共同具备的一般模式。本书后面介绍各种文体的结构与写作方法时，为避免重复，不再进行阐述，而是根据每种文体的特定需要选择其重点结构部分进行讲解。

指出下面这篇通知在结构方面存在的问题，并予以改正。

关于财务数据查询的通知

各部门：

现就财务数据查询有关工作通知如下：

1. 请数据使用人严格按照财经纪律存取和使用数据，并做好数据保密工作。

2. 财务数据查询形式：网上自助查询、财务系统输出、记账凭证借阅。

3. 财务数据查询内容：财务项目收支明细、统计报表等电子数据，财务核算过程中的收支原始凭证。

4. 网上自助查询：各项目负责人可以在财务系统的网上查询平台中自主查询、输出，也可以在财务系统的网上查询平台中授权经办人员进行项目管理、查询和输出。

5. 记账凭证借阅：经办人填写下面的“财务数据查询申请表”并经项目负责人、经费管理部门负责人和财务部负责人批准后，财务部在3个工作日内安排人员陪同经办人查询和复印凭证。

财务数据查询申请表

<table>
<tr><td>申请部门</td><td></td><td>申请时间</td><td></td></tr>
<tr><td>申请人</td><td></td><td>项目负责人</td><td></td></tr>
<tr><td>项目代码</td><td></td><td>项目名称</td><td></td></tr>
<tr><td>查账内容</td><td colspan="3">（请注明查账内容的时间段）</td></tr>
<tr><td>查档事由</td><td colspan="3"></td></tr>
<tr><td>查档要求</td><td colspan="3">□凭证查阅和复印　□电子账表打印　□电子账表拷贝
□发送电子邮箱：</td></tr>
<tr><td>申请人签名</td><td></td><td>项目负责人签名</td><td></td></tr>
<tr><td>经费管理部门意见</td><td colspan="3">负责人签字：　　　　部门盖章：</td></tr>
<tr><td>财务部意见</td><td colspan="3">负责人签字：</td></tr>
</table>

6. 财务系统输出：经办人填写“财务数据查询申请表”并经项目负责人、经费管理部门负责人和财务部负责人批准后，财务部在3个工作日内将数据发送至经办人办公邮箱。

特此通知。

财务部

20××年×月×日

财经公务应用文

学习目标

◎ 了解通知、通报、报告、请示、批复、函、纪要等文体的含义、特点。

◎ 了解通知、通报、报告、请示、批复、函、纪要等文体的类型。

◎ 掌握通知、通报、报告、请示、批复、函、纪要等文体的结构与写作方法。

◎ 能够撰写财经类的通知、通报、报告、请示、批复、函、纪要等应用文。

第一节 通　知

一、通知文体概述

（一）通知的文体含义

通知是用于发布、传达有关事项，要求下级部门和有关单位周知或者执行，在批转、转发文件时使用的一种应用文。

通知使用范围广泛，是各级机关、团体、企事业单位在公务活动中最常使用的一种应用文。

（二）通知的特点

1. 应用广泛，使用频率高

通知不受发文单位级别、性质的限制，不论是国家行政机关还是企事业单位，不论是国家大事还是单位内部的具体事务，都可以使用通知行文。通知也不受内容繁简的制约，可用于传达重要指示、布置工作，也可用于通知一般事项，写作比较灵活，使用方便。

2. 有时效性，不可拖延

通知所涉及的事项一般不容拖延，要求立即办理或执行。有些通知还指定有效期，即在指定的一段时间内有效。

3. 具有明显的指导性

通知大多属于下行文，明显体现出指导性。上级单位向下级单位用通知行文，尤其是布置工作、批转文件等的通知，都要明确指出处理某些问题的原则和方法，说明需要做什么、怎样做、达到什么要求等，这些通知对下级单位的工作起指挥、指导作用，对有关人员有较强的约束力。

二、通知的类型

（一）事项通知

事项通知用于上级单位要求下级单位办理某些事项。除交代任务外，通常还会提出工作原则和要求，让行文对象贯彻执行，具有强制性和行政约束力。具体可参见本节例文 1 和例文 4。

（二）知照通知

知照通知是用于告知有关单位或有关人员某些事项或某些信息的通知，成立或撤销机构、调整办公时间、更改电话、更正文件差错、告知放假时间等均使用知照通知。具体可参见本节例文 2。

（三）会议通知

会议通知是告知有关单位或个人参加会议的通知。具体可参见本节例文 3。

（四）批转转发通知

批转转发通知由通知本身和被批转、转发、印发（颁发、发布）的文件组合而成，一般有三种形式。

1. 批转通知

批转是指通知的发文单位将所属下级单位的来文批准之后再转发给所有下属单位，起到认可批准的作用。

2. 转发通知

转发是指通知的发文单位将上级单位或不相隶属单位的来文传达给所属下级单位，使其了解或执行，起传达、推荐作用。

3. 印发通知

印发是指将本单位制定的行政法规、规章制度或其他文件用通知向所属单位发布，参见本节例文 5。

三、通知的结构与写作方法

（一）标题

通知的标题有完全式和省略式两种。完全式标题是三要素齐全的标题，即由发文单位、事由、文种构成；省略式标题可根据需要省去其中的一项或两项，如仅由事由和文种两要素构成，或只写文种“通知”二字。省略式标题一般用于内部非正式行文。

批转转发通知的标题主要由发文单位（批转单位名称）、“批转（转发或印发）”字样、被转文件名称及文种等要素构成，例如：

××总公司关于批转人力资源部《员工考核办法》的通知

××建筑公司关于转发××市政府《关于加强安全生产工作的决定》的通知

（二）主送单位

主送单位是文件送达的单位，主送单位往往负责执行文件要求。

主送单位可以是一个或多个。当主送单位数量比较少时，应当采用单位全称或规范简称。如果主送单位数量比较多，则可以采用同类型单位统称。主送单位较广泛时，还可以省略。

通知的主送单位往往是下级单位，多采用统称，后加冒号，如“各部门:”或“各单位:”。

（三）正文

通知的正文包括缘由、事项、要求三部分，其中事项是主体部分。不同种类的通知，其正文的写法也不尽相同。

1. 事项通知

事项通知一般用于传达、安排事务性工作，目的在于使行文对象了解通知的内容（即事项），以及做什么、怎样做、具体要求等，所以这类通知的正文一般包括三部分。

（1）开头部分

开头部分说明下发通知的背景、依据或目的，应简明扼要，让行文对象清楚执行该通知的意义。

（2）事项部分

事项部分较为详细地提出事项安排或要求。如果内容较多，则要分条列项来写，将通知的具体内容一项一项列出，将布置的工作阐述清楚，并讲清要求、措施、办法等。

（3）结尾部分

结尾部分多提出贯彻执行要求，用“请遵照执行”“请贯彻执行”等习惯用语，但有的也不写习惯用语。

2. 知照通知

知照通知的正文格式多样，写法比较灵活。根据通知的内容交代清楚行文的依据、目的和事项即可，要求文字简练明晰。

3. 会议通知

不同类型的会议通知，其正文的写法也不尽相同。

（1）小型会议或内部会议通知

本单位内部会议的通知，内容一般比较简单，在通知事项中说明会议内容、具体时间和地点、出席人员、需准备的材料等即可，语言力求简短明白。

（2）大型会议通知

通过文件传递渠道发出的会议通知通常比较复杂，与会方一般分属不同的单位，因此会议通知的内容应力求全面，表述应准确清楚，避免产生歧义。一般应写明会议名称、召开会议的原因和目的、主要议题、与会人员、报到及会议时间地点、乘车路线、需要的材料等，有时还要写明会务经费、食宿标准、会议回执、会议联系人、联系电话等内容。为保证条理清晰，这类会议通知通常采用条文式写法。参见本节例文 3。

4. 批转转发通知

这类通知的正文往往十分简短，通常包括批转语（转发语）和执行要求两项内容。

批转通知的批转语是上级对下级的文件批示“同意”，如“总公司同意人力资源部制定的《员工考核办法》，现发给你们”，接着提出执行要求，如“请认真贯彻执行”。

转发通知的转发语有两种类型。如果发文单位转发的文件来自不相隶属的单位，发文单位必须说明已经得到上级同意，如国务院办公厅转发水利部的某文件，其转发语是，“水利部《关于加强嫩江松花江近期防洪建设的若干意见》已经国务院同意，现转发给你们”。如果文件来自上级单位，则可直接写作，“现将《××××》转发给你们，请认真贯彻执行”。

印发通知正文的开头部分通常是，“现将《××××》印发给你们”。也可简单说明发文依据或缘由，如“根据……，现将《××××》印发给你们”，或“为了……，现将《××××》印发给你们”。

被批转、转发、印发文件的标题应按公文格式的要求以附件形式标注在正文与发文单位名称之间。被批转、转发、印发文件的全文应当排印在成文日期下方，或另起一页排印。

四、通知例文评析

例文 1

关于开展 20×× 年度工会财务检查工作的通知

各单位工会：

为进一步落实《×× 总公司工会财务管理办法（试行）》，推进工会财务管理规范化建设，加强工会财务工作和经费监督检查力度，根据年度工作安排，自 20×× 年 12 月 14 日起对各基层工会 20×× 年度的财务工作进行检查。现将有关事项通知如下：

一、检查内容

（一）工会经费收缴

1. 是否按比例足额拨付、及时上缴工会经费，有无压减和截留工会经费问题，工会经费拨缴渠道是否通畅。

2. 在代收工会经费工作中，对代征单位的收缴面和收缴率等情况是否清楚。对欠缴工会经费的单位是否已采取措施，做到查漏补缺。

3. 财政拨款行政事业单位的工会经费是否足额列入财政预算，是否做到了及时足额划拨。

（二）工会预算管理

1.《工会预算管理办法》执行情况如何，是否按要求编报年度预算、决算和组织预算执行。预决算报表是否齐全，内容是否完整，说明是否清楚，数字是否准确无误。

2. 预算编制是否结合年度工作计划细化到具体项目，各项开支是否严格按预算执行，是否存在无预算开支的情况，预算追加是否执行了规定的程序，本年度支出决算是否控制在年初预算 110% 的范围之内。

3. 是否符合预算编制原则。预算编制是否做到量入为出、收支平衡，是否存在无重大支出项目而编制赤字预算的现象。资金是否重点用于维护职工权益、为职工服务、加大对职工的培训以及开展工会活动等。分析各项经费支出占比，评价经费使用效益。

（三）财务管理规范化建设

1. 是否根据经费独立管理原则，单独开设银行账户，独立进行核算。是否配备了专（兼）职的会计人员，会计人员是否具有相应的专业能力，是否定期接受会计继续教育。

2. 会计基础工作是否规范。会计、出纳岗位是否分设。银行存款日记账与银行对账单是否及时核对，有无违规使用大额现金的现象。印章和票据是否分管，使用是否合规。会计账簿设置是否符合规定。

3.《工会会计制度》执行情况。会计科目运用是否正确。财务报表是否正确无误，是否按规定时间进行报送。往来款项清理是否及时等。

4. 内部控制制度建立及执行情况。内控制度是否健全，是否明确了会计岗位职责和会计核算流程，是否建立了货币资金管理制度、票据管理制度、专项资金管理制度、开支报销审批制度、重大资金支出集体研究制度、债权债务管理制度、固定资产管理和清查盘点制度、财务分析制度、会计档案管理制度等，所建立的内控制度是否得到有效落实。

5. 固定资产管理情况。固定资产是否设专人管理，购置固定资产是否及时入账，是否建立了固定资产卡片。是否定期进行固定资产清查盘点，账账、账卡、账实是否相符。是否存在工会资产流失的现象。

6. 专项资金管理情况。帮扶等专项资金是否按规定及时发放，手续是否完备，有无挪用、截留等现象。

7. 会计电算化管理情况。是否实行会计电算化记账，电算化操作人员职责权限是否明确、分工是否合理，计算机记账日常管理和数据备份是否符合会计电算化规定。

8. 违反财经法规核查情况。是否存在账外账、“小金库”等违反财经法规的行为。

二、检查方法、检查范围及时间安排

（一）检查方法

各单位将有关资料（会计账簿、财务报表、预算报表、记账凭证、银行对账单、继续教育证书等）报送总公司财务部，进行检查。

（二）检查范围

20×× 年 10 月至 20×× 年 9 月期间的工会财务情况，若有必要可追溯到以前年度。

（三）时间安排

20×× 年 12 月 14 日至 30 日。

三、其他要求

（一）各基层工会要加强对财务检查工作的领导。工会法定代表人是工会财务工作的责任主体。各基层工会要以严肃认真的态度对待这次检查，通过检查促进工会财务管理水平的提高。

（二）检查结果必须经本单位工会主席签字并送达总公司财务部。

特此通知。

×× 总公司工会

20×× 年 11 月 7 日

【例文评析】这是一则事项通知。通知标题省略了发文单位名称，事项概括、明确。由于主送单位较多，所以采用了统称。正文详细说明了检查的内容、范围、时间、要求等事项，使相关单位在执行时有明确的依据。结束语采用套语式结束语，简洁利落。

例文 2

×× 公司关于发布增值税发票开票信息的通知

根据国家税务总局下发的《关于增值税发票开具有关问题的公告》的有关要求，现就开票相关信息和查询方式通知如下：

一、开票信息

名称：×× 公司

纳税人识别号：×××××××××××××××

地址、电话：×× 省 ×× 市 ×× 区 ×× 路 ×× 号，×××××××××

开户行及账号：×× 市 ×× 银行 ×× 支行 ××××××××××××××××

二、查询方式

1. 登录 ×× 公司财务部部门网页的“开放数据”栏目，查询增值税发票开票信息及统一社会信用代码等信息。

2. 在 ×× 公司财务查询平台的首页“财务滚动新闻”中查询增值税发票开票信息及统一社会信用代码等信息。

3. 关注“×× 公司”微信公众号，在“通知”栏目查询增值税发票开票信息及统一社会信用代码等信息。

特此通知。

×× 公司

20×× 年 ×× 月 ×× 日

【例文评析】这是一则知照通知。标题为完整式标题。该通知行文对象范围比较宽泛，并且难以确定具体范围，故省略主送单位。正文告知的信息及获取信息的方式为主要内容，便于相关单位周知及查询。

例文 3

×× 集团有限公司财务部关于召开 20×× 年度财务工作会议的通知

各分（子）公司、各部门：

为进一步提升集团财务工作质量和效率，促进财务管理规范化，保证集团高质量发展战略实施，经集团批准，决定召开 20×× 年度财务工作会议，现将相关事项通知如下：

一、会议时间

20×× 年 ×× 月 ×× 日（星期 ×）上午 9 时—12 时。

二、会议地点

集团办公楼 A18 会议室。

三、参会人员

（一）集团领导。

（二）各分（子）公司分管财务工作的领导、财务部门负责人。

（三）集团财务部全体人员。

（四）集团本部各部门负责人。

四、主要议题

（一）总结回顾去年财务工作，安排部署今年财务重点工作。

（二）财务工作廉洁教育。

（三）针对财务工作实际情况，征集意见建议，研究改进措施和方案。

五、注意事项

（一）请各位参会人员提前准备好相关资料，梳理工作中遇到的问题和困难。

（二）请务必准时参加会议，如有特殊情况请提前向主管领导请假。

（三）会议期间请保持手机静音，并做好会议记录和整理工作。

（四）联系人：王 ×，联系电话：××××××××。

特此通知。

××集团有限公司财务部

20××年4月23日

【例文评析】这是一则会议通知，比较规范。全文结构完整，条理清晰，会议目的、会议议题、会议时间、会议地点、参会人员、联系方式、参会要求等内容齐全，语言简明扼要。

例文 4

××集团财务管理部关于开展管理会计案例征集工作的通知

各分（子）公司财务部门：

为促进企业高质量发展，总结、推广管理会计实践经验，根据财政部《关于开展管理会计案例征集工作的通知》（财办会〔2023〕13号），经研究，决定在集团范围内开展管理会计案例征集工作。现就有关事项通知如下：

一、案例要求

（一）基本原则

1. 观点正确。案例要坚持党的基本理论、基本路线、基本方针，坚持正确的政治方向，主题鲜明，导向正确。

2. 客观真实。案例要真实可信，描述要客观、中立，能如实反映案例的真实情况。

3. 守正创新。案例要能够反映管理会计应用方面有益的方法和经验，为管理会计实践创新总结经验。

4. 可复制推广。案例所提供的问题解决方式对类似问题的解决有参考、借鉴和启发作用，具有推广价值。

（二）案例主题

案例既可以是单一管理会计工具方法应用案例，也可以是多项管理会计工具方法的系统化应用案例。案例主题包括但不限于以下几项：

1. 单位管理会计体系建设的案例。

2. 管理会计信息化建设、数字化转型、智能化升级的案例。

3. 管理会计助力单位践行“双碳”目标的案例。

4. 管理会计文化建设开展情况的案例。

5. 管理会计支持单位决策制定的案例。

6. 其他体现管理会计创新实践成果的案例。

（三）案例结构

案例应按照“案例名称、目录、摘要、正文、附录、声明”的顺序编写，具体格式附后。案例应在封面注明以下信息：案例名称、案例单位类型、案例单位名称、通信地址、邮政编码、联系人、联系电话、电子邮箱地址、案例作者信息等。

（四）案例文字及文档格式

1. 案例文字以精练为要，字数原则上不超过 15 000 字。

2. 案例电子文档应为 WPS 或 Word 格式，附录中相关数据表可以使用 Excel 格式。

（五）案例授权和保密要求

案例申报应取得案例单位和案例作者授权。对案例中不宜公开的事项，可作必要的技术处理，确保不泄露国家秘密、商业秘密和个人隐私。

二、案例报送和遴选

各分（子）公司财务部门负责本单位案例征集和初选工作，请于20××年9月30日前，向集团财务部择优报送不少于5篇案例。

集团财务部将组织集团内外财务专家对报送的案例进行评比遴选，并指导案例的后续修改完善。选出的优秀案例将推荐上报财政部参加全国评比。

三、案例后续使用

优秀案例将以结集成册、经验交流等方式加以推广。

四、联系方式

联系人：朱××

联系电话：××××××××　电子邮箱：×××××××××

地址：××市××区××路××号　邮编：××××××

附件：管理会计案例格式文本

××集团财务管理部

20××年×月×日

【例文评析】这是一则事项通知，其主要内容是布置征文工作的相关事项。通知中对征文的要求比较明确，特别注明了联系方式和报送方法，便于参与者操作。全文结构完整，语言准确，是一篇比较典型的征文通知。

例文5

财政部关于印发《会计人员职业道德规范》的通知

各省、自治区、直辖市、计划单列市财政厅（局），新疆生产建设兵团财政局，中直管理局财务管理办公室，国管局财务管理司，中央军委后勤保障部财务局：

为贯彻落实党中央、国务院关于加强社会信用体系建设的决策部署，推进会计诚信体系建设，提高会计人员职业道德水平，根据《中华人民共和国会计法》《会计基础工作规范》，财政部研究制定了《会计人员职业道德规范》(以下简称《规范》)，现予印发。

各地财政部门、中央有关主管单位应当组织开展形式多样的学习活动，充分利用各类媒体平台，大力宣传《规范》精神，帮助广大会计人员全面理解《规范》

内容，准确把握《规范》提出的要求，将有关要求落实到具体会计工作中，使其成为广大会计人员普遍认同和自觉践行的行为准则；应当推动高校财会类专业加强职业道德教育，将《规范》要求有机融入教学内容；应当指导用人单位加强会计人员职业道德教育，将遵守职业道德情况作为评价、选用会计人员的重要标准。

附件：会计人员职业道德规范

财政部

2023 年 1 月 12 日

【例文评析】这是一则印发通知，主要内容是将规范性文件面向特定系统、单位发布，所涉及的工作内容比较复杂，将其具体要求制定成为专门的文件。这类通知仅针对所制定的文件印发，所以通知的内容和结构相对比较简单。此篇例文在开头部分说明了工作的目的和依据，在第二自然段提出了主要工作要求。附件为被印发的文件，该文件全文在通知正文之后另附。

思考与练习

某公司存在工作人员上班时间饮酒的不良现象，严重损害了公司的形象，影响正常工作的开展，甚至造成了经济损失。为杜绝该现象，公司决定向所属各单位下发一份关于禁止工作人员上班时间饮酒的通知。

根据以上材料写一份通知，要求格式规范，内容明确，通知事项具体、切实可行，字数为 200 ~ 300 字。

第二节 通　报

一、通报文体概述

（一）通报的含义

通报是指表彰先进、批评错误、传达重要精神和告知重要情况的应用文。通报作为一种宣传教育、通报信息的工具，发挥表彰、惩戒、知照等作用。

（二）通报的特点

1. 真实性

通报的任何事实、情况都必须是真实、准确的，不能有差错，更不能编造虚假情况。对先进事迹的通报表彰要实事求是，不能任意拔高，更不能借贬低他人来提高先进的形象；批评错误时，要对反面典型予以揭露，要对有关事实核实清楚，做到准确无误。

2. 教育性

表彰通报在一定范围内表扬好人好事，其价值体现在对被表彰的单位和个人是一种鼓舞和激励，对其他单位和个人是一种教育，对后进单位则是一种鞭策。

批评通报的目的是让有关当事人吸取教训、改正错误、引以为戒，为其他单位和个人提供反面典型以供借鉴。

情况通报以指导工作为目的，使有关单位或组织了解工作进程、工作重点，从而树立整体观念，妥善安排和部署自己的工作。

3. 及时性

不论是先进事迹、典型经验、重要情况还是不良人物事件、反面典型，都必须及时通报，才能达到目的，发挥通报的作用。

二、通报的类型

（一）表彰通报

表彰通报用于在一定范围内表扬好人好事，通过表彰先进、树立典型、弘扬正气，促使有关单位和人员学习先进，更好地完成本职工作。参见本节例文 1。

（二）批评通报

批评通报用于在一定范围内批评错误，纠正不良倾向，通过批评后进，起到告诫和教育作用，促使有关单位和人员引以为戒，尽量避免类似问题再次发生。参见本节例文 2。

（三）情况通报

情况通报用于在一定范围内传达重要情况和动向，即向有关方面知照应该掌握和了解的信息、动态，以指导工作为目的。参见本节例文 4。

三、通报的结构与写作方法

（一）标题

通报的标题通常由发文单位、事由和文种三要素构成，即完整式标题。标题要准确、简明地概括事由。

有时也使用省略式标题，即标题中省略发文单位。内部非正式行文也可以只写“通报”二字。

（二）主送单位

通报的主送单位往往是下级单位，一般不能省略。主送单位数量比较多时，可以采用统称，后加冒号，如“各部门：”或“各单位：”。

（三）正文

1. 表彰通报

（1）概述先进事迹

正文部分首先要概述先进事迹，包括时间、地点、人物、事迹、结果等，内容既要清楚完整又要中心突出，作为发布本通报的依据。在概括事迹后，可以对其进行分析与评价，或指出其典型意义，或概括其主要经验，要客观中肯、实事求是。

（2）表彰决定

正文部分要写明对先进人物或先进单位给予表彰的事项，一般是精神奖励或物质奖励，也可二者均有。

（3）希望和要求

正文的结尾部分应当提出希望和要求，这是通报教育性的集中体现。可以首先对受表彰者提出希望，例如，“望受表彰单位和个人戒骄戒躁，继续发扬优良作风，力争取得更大成绩”。然后可以对其他单位和人员提出要求，号召大家向先进学习。参见本节例文 1。

2. 批评通报

（1）概述事实

将事情的经过、时间、地点、责任人、后果等交代清楚。如果是对个人的错误进行通报，则首先要交代清楚其姓名、工作单位、所任职务等个人信息。

（2）分析评议与定性

分析事件发生的原因，指出事件的性质及其危害，这是严肃处理的关键所在。

（3）处理决定

根据评议结果和处理依据，提出相应的处分决定。

（4）改进措施与要求

写明防止此类事故或错误再次发生的措施，要对症下药，对相关组织或人员提出告诫，或重申某一方面的纪律，避免再犯类似错误。

3. 情况通报

撰写情况通报，关键在于对情况的掌握要真实全面。首先要客观叙述有关情况；在此基础上，再进行深入分析，或阐明意义，或预测其发展趋势；最后结合通报情况，对今后工作提出前瞻性要求。

（四）附件

根据需要，通报可以带有附件。在表彰通报中，当表彰对象数量较多时，一般不在正文中一一注明，而是使用附件列明表彰对象。

四、通报例文评析

例文 1

××有限公司关于表彰荣获“企业类财务管理领军人才”称号员工的通报

各分公司、各部门：

中国企业财务管理协会主办的“20××年度企业类财务管理领军人才”申报评价结果日前揭晓，我公司吴××、李×2名同志获得“企业类财务管理领军人才”称号。荣获这一殊荣，充分体现了全行业对我公司财务管理工作的高度肯定。吴××、李×同志的当选，是他们爱岗敬业、学习创新的结果，展现了我公司财务员工优秀的专业能力，为公司赢得了荣誉。为表彰先进，弘扬精益求精的职业精神，根据《××有限公司员工表彰奖励规定》，经研究决定，对获奖的2位同志给予通报表彰。

希望获表彰的同志再接再厉，创造更佳业绩。全体员工要继续大力践行“以德立身、以能立业、以绩为重”的企业核心价值观，在岗位工作中向获奖同志学习，刻苦钻研、团结奋进，为推动公司成为优秀的服务型企业而努力奋斗。

×× 有限公司

20×× 年 × 月 × 日

【例文评析】这是一篇比较典型的表彰通报，条理清晰，结构完整。正文开头概括介绍了发文背景和取得的成绩；在“为”字引出的目的句之后，说明了受表彰人员的信息；然后对受表彰人员提出希望，并对其他部门和人员提出要求。

例文 2

关于 ×× 建筑公司拖欠工人工资问题的通报

各建筑企业：

×× 建筑公司在承建 ×× 工程项目的过程中，分别于 20×× 年 6 月和 8 月拖欠工人工资 168 万元和 2 736 万元，严重侵害了建筑施工工人的合法权益，引发工人集体上访，在社会上造成了极大不良影响。在 ×× 市人力资源和社会保障局、×× 市住房和城乡建设局两部门的强力督促下，施工单位最终支付了拖欠的工人工资及利息。

为规范企业的工资支付行为，使企业严格按照有关规定依法及时支付工人工资，现对 ×× 建筑公司拖欠工人工资的行为予以通报批评，并将该企业拖欠工人工资的行为记入企业诚信档案。

希望 ×× 建筑公司引以为戒，规范经营，保持职工的工作积极性，切实维护职工的合法权益。各建筑企业要认真吸取教训，加强管理，建立健全各项规章制度，杜绝类似事件再次发生。

×× 市住房和城乡建设局

20×× 年 9 月 16 日

【例文评析】这是一则批评通报。正文第一部分先叙述当事人的错误事实、危害及结果，材料具体，清楚明白；第二部分说明处分目的及处分决定，能够注意掌握分寸，评论恰如其分；第三部分对被通报批评的企业提出希望，同时对相关企业提出要求，以杜绝类似事件的发生。全文结构严谨，层次清晰，措辞得当。

例文 3

××有限公司关于2起违反财务管理制度事件的通报

各分（子）公司、各部门：

为严肃财经纪律，坚决纠正违反财经纪律的各种行为，公司于20××年4月进行了财务管理工作集中检查，发现2起违反财务管理制度的事件。为充分发挥警示震慑作用，进一步强化对关键岗位的监管，筑牢廉洁自律思想防线，现将2起事件通报如下：

一、××分公司违反财经纪律。20××年×月该分公司出现0.9万元账外收支款项，经理黄××对此承担主要责任，受到警告处分。

二、××部挪用公款。20××年×月该部将公司拨付的职工培训专项经费1.2万元用于组织员工旅游。该笔款项已全额追回，对部门主任刘××给予严重警告处分并免去职务。

以上2起事件影响恶劣，教训深刻，充分暴露出一些基层管理人员理想信念丧失，也反映出一些单位和部门管理不严格，主体责任虚化弱化。各单位、各部门要从中吸取教训，引以为戒，进一步严明财经纪律，强化监督管理，坚决杜绝财务管理违规行为。各级领导干部及财务人员要认真贯彻执行财经法规和财务制度，不断提高带头依纪依规办事的自觉性。

特此通报。

××有限公司

20××年×月×日

【例文评析】这是一则批评通报。正文第一段概述总体情况，主体按照通报对象分为若干部分，每一部分介绍了错误事实、危害、处罚措施等内容。结尾部分提出原则性要求。全文结构严谨，层次清晰，措辞得当，充分发挥了通报的教育警示作用。

例文 4

2022年全国物流运行情况通报

2022年，物流运行保持恢复态势，社会物流总额实现稳定增长，社会物流总费用与GDP的比率小幅提高。

一、社会物流总额实现稳定增长

2022 年全国社会物流总额 347.6 万亿元，按可比价格计算，同比增长 3.4%，物流需求规模再上新台阶，实现稳定增长。

从构成看，工业品物流总额 309.2 万亿元，按可比价格计算，同比增长 3.6%；农产品物流总额 5.3 万亿元，增长 4.1%；再生资源物流总额 3.1 万亿元，增长 18.5%；单位与居民物品物流总额 12.0 万亿元，增长 3.4%；进口货物物流总额 18.1 万亿元，下降 4.6%。

二、社会物流总费用与 GDP 的比率有所提高

2022 年社会物流总费用 17.8 万亿元，同比增长 4.4%。社会物流总费用与 GDP 的比率为 14.7%，比上年提高 0.1 个百分点。

从结构看，运输费用 9.55 万亿元，增长 4.0%；保管费用 5.95 万亿元，增长 5.3%；管理费用 2.26 万亿元，增长 3.7%。

三、物流业总收入保持恢复性增长

2022 年物流业总收入 12.7 万亿元，同比增长 4.7%。

国家发展改革委　中国物流与采购联合会

2023 年 2 月 24 日

【例文评析】这是一篇比较简要的情况通报。正文首先简要概括了总体情况，然后分三部分详细描述了三个方面的情况，列举了详细数据，每一部分的小标题均为对情况的判断结论，便于社会各界深化对数据的理解认识。

思考与练习

1. 以下情况是否可以采用通报行文？如果可以，分别适合采用哪种类型的通报？

（1）本单位发生的拾金不昧、勇斗歹徒、冒险抢救公共财物、取得突出业绩等情况。

（2）本单位出现的迟到、早退、旷工、浪费、贪污等情况。

（3）本单位进行的项目建设、安全检查、竞赛或评比等情况。

2. 请根据下列材料，以 ×× 物业管理公司的名义写一份批评通报，下发所属各项目中心。

20×× 年 1 月，×× 物业管理公司下属的第二项目中心受 ×× 小区开发建设单位委托，负责该小区前期物业服务。从次年 1 月 4 日起，第二项目中心擅自停止对该小区的物业服务，导致该小区居民生活受到极大影响。×× 物业管理公司经过研究决

定，给予第二项目中心以下处分：进行限期 3 个月的整顿，将项目中心的违规行为记入公司警示档案，扣发中心经理李 ×3 个月津贴。

第三节　通　　告

一、通告文体概述

（一）通告的含义与作用

通告是指普遍通知的文告，是各级机关、团体、企事业单位经常使用的周知性应用文。其作用有两个：一是向一定范围的对象告知有关事项，使其知晓；二是明确某一方面的规定，使有关对象遵照执行。

（二）通告的特点

1. 语言通俗易懂

通告是周知性的文体，读者范围很广，往往以群众居多，因此撰写时要注意采用通俗易懂的语言。

2. 政策性强

规定性通告往往是对某一事项的强制性要求，因此必须有法律依据，符合法律法规或相关政策。

二、通告的类型

（一）告知性通告

告知性通告主要用于公布某一事项或告知有关单位、人员需要知道的事项。这类通告仅供受众知晓，不具有行政约束力，如本节例文 1。

（二）规定性通告

规定性通告主要用于政府或企事业单位职能部门依法公布有关规定，要求相关范围内的单位、部门和人员予以遵守、执行。这类通告往往带有强制的行政约束力，如本节例文 2。有的通告甚至具有类似法律法规的效力。

三、通告的结构与写作方法

（一）标题

1. 完整式标题

完整式标题通常由发文单位、事由、文种构成，一般规定性通告常采用这种标题，如“××省人民政府关于禁止生产、销售和使用一次性发泡塑料餐具的通告”。若使用文件头，则可以省略发文单位。

2. 省略式标题

省略式标题通常采用“发文单位＋文种”的模式，一般对外张贴、发布的通告常使用这种形式的标题，如本节例文 1 的标题。也可以将发文单位和事由都省略，仅注明“通告”二字。

（二）主送单位

通告面向的对象一般比较广泛，主送单位往往省略。如果需要注明，则采用泛称或统称的方式，如“各相关单位”“××用户”等。

（三）正文

1. 发文背景、缘由

发文背景、缘由说明发布通告的背景、目的、依据等，通常用“为了”“根据”等词引出缘由，再用“现将有关事项通告如下”等语句过渡到下面的内容。

2. 通告事项

通告事项是通告的核心部分，是相关单位和个人应该周知或遵守的事项，要求具体明确，不能产生歧义。如果内容较复杂，可采用条款的形式分别表述。通告的主要事项写完后，也可以简要地提出希望和要求。

3. 结束语

一般用“特此通告”这一习惯用语结尾，也可不写专门的结束语，事项讲完即自然结束。

四、通告例文评析

例文 1

××市供电公司通告

因线路维修和改造，11 月 12 日 8：00—17：00，本市下列路段将停电：工农路、人民东路、青年东路。施工期间请有关单位和居民做好准备。不便之处，敬请谅解。

××市供电公司

20××年 11 月 10 日

【例文评析】这是一份告知性通告，将停电的时间和区域向相关单位和居民作出了说明，内容简洁明了，语气委婉有礼。

例文 2

××银保监局关于规范“银行”字样使用的通告

近年来，市场上屡屡出现违法使用“银行”字样的情况，一些并非从事银行业务的单位和个人使用“时间银行”“粮食银行”“健康银行”等“银行”字样，误导社会公众，扰乱金融市场秩序。为严格落实《中华人民共和国商业银行法》等法律法规，规范“银行”字样使用，现就相关事项通告如下：

一、规范“银行”字样使用

（一）未经银保监会及其派出机构批准，任何法人、非法人组织不得在名称中使用“银行”字样，国际金融组织、中央银行、多边开发机构与国家另有规定的除外。

（二）自然人（包括个体工商户）不得以营利为目的或者以可能误导公众的方式在名称中使用“银行”字样，法律另有规定的除外。

（三）未经批准不得在名称中使用“银行”字样的情形包括：

1. 法人、非法人组织名称的全称、简称；

2. 商标名称；

3. 产品、业务和服务名称；

4. 互联网网站名称、互联网用户账号名称、移动互联网应用程序名称。

（四）不得违法违规使用“总行”“分行”“支行”“农商行”“城商行”“农村

信用社”“城市信用社”“储蓄所”“资金互助社”等字样，仿冒银行机构营业场所装潢、网站外观、移动互联网应用程序外观和标志等，欺骗或者误导金融消费者。

二、社会公众如发现有违法使用“银行”字样的，请积极提供相关线索及证明材料，××银保监局将会同有关部门依法整改规范，并对相关信息严格保密。

邮箱：（略）　　　　　　邮寄地址：（略）

××银保监局

20××年2月7日

【例文评析】这是一份规定性通告，开头部分说明了行文的依据、背景和目的，主体部分明确说明了规范性要求和禁止事项，便于社会各界遵守执行，最后说明了举报方式，为通告的贯彻落实提供了基础保障。全文语言准确、简明扼要。

思考与练习

1. 思考、讨论下列哪些情况可以采用通告行文。

（1）某银行要求客户补充完善个人信息。

（2）上市公司披露经营业绩。

（3）企业因公章丢失而登报，告知社会各界公章作废。

（4）企业因业务发生调整而向用户说明情况。

2. 根据下面的材料撰写一篇通告，要求简洁明了，事项清晰。

某银行下属某营业部根据上级的部署，自20××年7月1日起为本行所有网络银行用户免费提供一个安全加密设备。新开户客户在开户时即可领取，老客户需要携带本人身份证和银行卡在工作时间领取。

第四节　报　告

一、报告文体概述

（一）报告的含义

报告是下级向上级汇报工作、反映情况及答复上级询问事项时所使用的一种文体。撰写报告应当坚持客观真实的原则，全面如实反映情况、分析问题，既报喜又报忧，既报功又报过，既报结果又报过程。

报告是下级与上级之间进行直接沟通交流的重要工具，有助于上级了解下级的工作情况，以便进行指导，同时也是下级向上级反映情况的载体。报告一般不需要上级给予答复，是典型的上行文。

“报告”一词也经常用于某些专门的应用文标题之中，如证券投资报告、企业销售报告、审计部门的审计报告等。这些属于专业应用文，具有特定的格式和写作规范。

（二）报告的特点

1. 概述性

报告所表达的内容和使用的语言大都是概括陈述性的，多用叙述和说明的表达方式，不必详述过程，不要求介绍细节。

2. 单向性

下级向上级发出报告一般是单方面的行为，主要目的是向上级反映某一情况。上级如何认识这一情况以及作出何种反应，都完全取决于上级。因此，报告中不能要求上级给予答复。

3. 既成性

工作中有“事前请示、事后报告”的惯例。只有做过的工作或已经发生的情况，才能写进报告，没有做过的工作或未曾发生的情况一般不能作为报告的主要内容。

二、报告的类型

（一）工作报告

工作报告用于下级向上级汇报工作，侧重于陈述工作的开展情况及主要做法，便于上级全面指导工作。比如，汇报某一阶段工作的进展情况、存在的问题，汇报上级交办事项的办理结果，汇报对上级某一指示传达贯彻的情况等。参见本节例文 1。

（二）情况报告

情况报告指向上级反映正常工作中出现的新情况、新问题的报告。在工作中出现了重大事件或突发情况后，下级应及时提交情况报告，向上级反映，便于上级了解事实真相，采取合理措施，控制或引导事态发展，使相关事件或问题得以顺利处理或解决。参见本节例文 2。

（三）答复报告

答复报告是指答复上级询问事项的报告。上级批示下级查办某些事项，或上级向下级询问有关情况后，若下级办理完毕，需以书面形式答复上级。参见本节例文 3。

三、报告的结构与写作方法

（一）标题

报告的标题由发文单位、事由和文种三要素组成。有时根据需要可省略发文单位，此时则为省略式标题，但事由和文种一般不能省略。可以根据实际需要，在报告之前标注“紧急”或“答复”等字样。

（二）主送单位

报告的主送单位不能省略，一般为发出报告单位的直接领导单位。需要特别注意的是，报告的主送单位只能有一个，如果写两个或两个以上的主送单位，就会出现“多头主送”的错误，必须避免这种情况。

（三）正文

正文是报告的中心内容，但不同类型的报告，其正文的结构和写作方法不完全相同。

1. 工作报告

其正文内容一般分三部分。第一部分概述工作的基本情况，可简要介绍时间、背景、总体情况等；第二部分写工作的具体情况，主要包括工作过程、具体内容、主要成绩、存在问题、经验教训等；第三部分写今后改进工作的意见或提出开展工作的建议，或今后的工作计划、设想。前两部分需要详细介绍，第三部分可以略写。

工作报告大多篇幅较长，应根据内容恰当安排层次结构，可分条列项陈述，也可列小标题或分成几部分来写。

2. 情况报告

情况报告在写法上的要求是必须把情况和问题介绍清楚，把事情的经过、原委、结果、性质写明白，便于上级掌握和处理。针对原因，还可以提出处理意见和建议，要写得具体、明确、简要。

3. 答复报告

答复报告的正文包括答复依据和答复事项两部分内容。答复依据指上级要求回答的问题，要写得简要。答复事项指针对上级所提问题的答复意见或处理结果，要实事求是，表述周全，避免答非所问。

答复报告的内容要具有针对性，做到答其所问、有问必答，语言要准确得体，态度要明确，表述要准确，不可含糊其词、模棱两可。

（四）结尾

报告的结尾经常使用一些习惯用语，如“特此报告”“专此报告”“请审阅”等。报告结尾使用的习惯用语不是必需的，正文结束后可以自然结尾。

（五）发文单位和成文日期

发文单位名称要采用全称或规范简称。成文日期在发文单位名称下一行，用阿拉伯数字注明，要求年、月、日齐全。

四、报告例文评析

例文 1

××分公司 20××年上半年工作报告

总公司：

20××年上半年，我公司紧紧围绕总公司全年工作会议精神，深化改革，加快发展，各项工作取得了良好业绩，尤其是在建工程项目取得了巨大进展，经济效益再创新高。现将我公司 20××年上半年工作情况报告如下：

一、树立竞争意识，全面完成经营目标

截至 6 月 30 日，我公司新开工项目 2 个，项目预算总资金达到 5 亿元，比上年同期增长 11%，完成全年计划的 70%。

1. 普通居民住宅项目开工××万 m^2，比上年同期增长 86%。（下文略）

2. 商业地产项目开工××××万 m^2，比上年同期增长 15%。（下文略）

二、完善内部管理，提高安全生产水平

1. 进一步健全安全生产责任制。（下文略）

2. 优化安全生产工作领导机构。（下文略）

3. 强化安全管理与监督职能。（下文略）

三、拓宽资金渠道，探索新的融资途径（下文略）

四、积极争取新项目，保持可持续发展（下文略）

五、上半年工作中存在的问题（下文略）

特此报告。

××分公司

20××年7月18日

【例文评析】这是一篇工作报告节选，全文是就公司上半年的工作情况向上级所做的综合性报告。前言适当概述总体情况，在过渡句“现将我公司20××年上半年工作情况报告如下”之后，主体部分以小标题归纳各方面的工作内容，将目前存在的问题也一并写出，使上级能够客观全面地了解情况。最后采用习惯用语作为结尾。全文思路连贯、结构清晰，值得借鉴。

例文 2

××厂关于财务室被盗情况的报告

总公司：

20××年9月11日凌晨5时左右，我厂员工李××在上厕所时，发现有人扒财务室的窗户，觉得非常可疑，便迅速出来查看，发现有一人站在财务室窗户下。嫌疑分子见状立即逃窜，李××立刻追赶并大声呼喊。听到喊声后，保卫科科长赵××等6人先后跑出来围追、堵截嫌疑分子。由于嫌疑分子较为狡猾，很快从生活区西北角逃离现场。

保卫科科长赵××迅速返回现场勘查，发现财务室防盗门已被打开，窗户防盗护栏被千斤顶顶开，并确定有人曾从顶开处进入室内。赵××立即向在厂领导汇报，通知财务人员清查现场，经认真清查发现没有丢失财物。经调取监控录像调查分析，初步认定有两名盗窃分子，一名放风，一名行窃。进入财务室的盗窃分子戴着帽子、口罩、眼镜和手套。

虽然该事件没有造成经济损失，但是揭示了我厂安全保卫工作中存在的问题和漏洞，主要表现在安全意识不牢固、安全制度落实不力、安全设施不完备等方面。我厂将利用10天的时间对这些问题和漏洞进行整改，防止类似事件再次发生。

特此报告。

××厂

20××年9月11日

【例文评析】这是一篇向上级反映情况的报告，报告就事件的经过、损失情况、发生原因及整改措施等向上级作了汇报，以便上级能全面、客观地了解情况。

例文3

××分公司关于××同志任职表现的答复报告

××集团总公司：

接总公司11月20日询问××同志在我公司任职表现的电话后，我公司立即组织人事部和其他相关部门对××的工作情况进行了调查，现将有关情况报告如下：

××，男，汉族，生于1985年5月6日，于20××年自××大学毕业后到我公司工作，曾担任销售部门职员、副部长等职务。该同志在工作期间爱岗敬业、勤奋工作、团结同志，具有较强的业务能力，并取得了优异的工作业绩。该同志20××年为公司贡献销售收入25万元，20××年贡献销售收入35万元，连续两年被评为优秀员工。

特此报告。

××分公司

20××年12月2日

【例文评析】这是一篇答复上级询问事项的报告，报告就上级所询问的有关问题认真地予以答复。第一段简要介绍了报告的依据，第二段重点介绍了相关情况。语言简洁，结构完整。

思考与练习

1. 下面哪些情况可以采用报告行文？为什么？

（1）定期或不定期地向上级单位汇报本单位的工作进展情况。

（2）本单位、本地区出现异常情况或新情况。

（3）上级领导就某个问题询问下级，下级需要针对询问作出书面答复。

2. 根据以下材料撰写一份报告。

××化工厂第一车间20××年10月20日晚发生一起火灾，烧毁设备1台，严重损毁设备2台，造成直接经济损失约8万元，没有人员伤亡。调查结果表明，火灾系人为原因造成，当晚值班员李×在车间抽烟后将烟蒂遗落在易燃物上引发火灾。事后，工厂向警方报警，李×被警方控制。工厂为防止此类事故再次发生，采取了一系列措施，组建了消防安全领导小组，设立了专职消防巡查员，重新任命了夜间值班员，增加了消防器材和设备。当地安全生产监督管理部门得知该事故后，专门向该厂了解情况，并责成其将事故情况、处置工作及改进措施以书面形式汇报。

第五节 请示、批复

一、请示、批复文体概述

（一）请示、批复的含义

请示是下级向直属上级或业务主管部门请求指示、批准用的应用文。换言之，当下级对上级有明确诉求时，应当采用请示行文。请示涉及的事项既包括一般事项，如经费不足问题，也包括重大事项，如重大改革措施、重大体制变动、重大项目推进、重大突发事件处理、重大机构调整、重要干部任免、重要表彰奖励等。

请示和报告均为典型的上行文，二者行文方向相同，作用有些相似，因而经常被混淆或误用。请示和报告是两种相互独立的文种，二者最大的区别在于行文目的不同。请示的目的是获得上级明确的答复，报告仅为汇报情况而不需要答复。这一区别也可理解为单双向的差异，即请示为双向性的文种，而报告为单向性的文种。

批复是用于答复下级请示事项的应用文，即由上级对下级的请示作出明确具体的批示和答复。

（二）请示、批复的特点

1. 请示的特点

（1）一文一事

一份请示只能针对一项事务，内容单一，篇幅较短。

（2）事前请示

请示必须在事前行文，待得到上级肯定批复方可行事，不能边办理边请示或“先斩后奏”。

（3）主送单位唯一

请示只能有一个主送单位，由该主送单位负责审批。同一份请示，不能同时主送给两个或两个以上领导或部门。

（4）不得越级

请示的主送单位是直接上级单位或主管部门，一般不越级向更高的上级行文。

2. 批复的特点

（1）被动性

先有请示后有批复，批复必须针对请示行文。

（2）针对性

批复的内容是由请示的内容决定的，下级请示什么事项，上级就批复什么事项。批复的主送单位只能是请示的下级单位，谁请示就对谁批复。

（3）指示性

批复是上级意图的体现，提出的处理意见和办法是下级开展工作的依据。

二、请示的类型

（一）请求批准的请示

请求批准的请示是指下级在工作中遇到具体问题以后向上级申请批准、同意自己所提请求的请示。当下级已经有了计划安排，按照相关规定必须经过上级批准之后才可施行，为获得上级批准，下级便需要撰写请求批准的请示。如请求批准有关计划、方案、规划，请求审批某些项目、指标，请求批准机构设置、人事安排、经费预算等。参见本节例文 1。

（二）请求指示的请示

请求指示的请示是指下级在不知如何开展工作而向上级请求具体指示时所使用的请示，请求上级对有关方针、政策、规定中的不明之处作出明确解释、指导、协调。

三、批复的类型

（一）审批性批复

这类批复主要是针对下级请求批准的请示所作的答复，是对下级所请示的事项所作的批准与否、审批与否的明确表态。参见本节例文 3 和例文 4。

（二）指示性批复

针对下级涉及政策、认识的问题所作的批复，一般属于指示性批复。这类批复是针对请求指示的请示所作的答复。参见本节例文 5。

四、请示的结构与写作方法

（一）标题

请示的标题一般由发文单位、事由和文种三要素组成。

请示标题应将主要事由（即请求的具体内容）概括清楚。要注意的是，“请示”本身已含有请求的意思，所以标题中应尽量避免再使用“请求”二字，否则就有重复之感。

请示标题最容易出现的问题是将“请示”和“报告”并列，形成“关于××××的请示报告”这样的典型错误。请示和报告是相互独立的两个文种，不可混淆。

（二）主送单位

根据行文规则，请示的主送单位只能有一个，应当杜绝多个主送单位的现象。可以根据需要同时抄送相关上级单位，不抄送下级单位。

（三）正文

1. 请示缘由

正文开头是请示缘由，即提出请示的背景、理由及原因，这部分内容既要条理清楚、开门见山，又要实事求是、有理有据、说明充分。缘由是写作请示的关键所在，因为缘由直接关系到请示的事项能否成立，关系到上级的审批态度，关系到请求能否被批准。

2. 请示事项

请示事项是指请求上级批准、帮助或解答的具体事项。请示事项必须写得具体、明确，如果请示事项的内容比较复杂，则要分清主次，分条列项来写。请示事项如果不明确、不具体，则无法使上级准确把握请示的诉求，进而影响其审批态度。当然，也不能把缘由、事项混在一起，必须分开来写。

有的请示可能还会提出处理意见，甚至几种意见，即列举出几种方案供上级参考，同时表明自己的倾向性意见。例如，在本节例文 2 中就是这样处理的。

如果请示后有附件，则正文的请示事项只需针对作为整体的附件文本提出。例如，可以表述为“现将《××××方案》报上，请审批”，不必具体表述方案的各项内容。

3. 结束语

请示中常用的结束语有：“以上请示，请批复”“以上意见当否，请指示”“以上请示，请审批”“特此请示，请予批准”“妥否，请批复”“请批准”“请审批”“请指示”等。

4. 附件

如果请示的事项较为复杂，下级已经拟订了完整的方案或计划，可以将方案或计划独立形成文件，作为附件标注于请示正文之下。

五、批复的结构与写作方法

（一）标题

1. 完整式标题

完整式标题由发文单位、事由、文种构成，如“××省农业农村厅关于成立农业联营合作公司的批复”。

2. 态度式标题

批复的标题中直接表明了上级态度，如“××集团关于同意第二分公司新建办公大楼的批复”。

（二）主送单位

批复是有针对性的，所以不可缺少主送单位，批复的主送单位即请示的发文单位。

（三）正文

1. 批复引语

批复的开头一般需要引叙来文，即说明收到下级请示这一缘由。引用公文时，应当先引标题，后引发文字号，发文字号应加圆括号。例如，“你局《关于……的请示》（×

发〔20××〕××号）收悉”。引语的作用是说明批复根据，点出批复对象。引语之后，经常使用过渡句“现批复如下”“现就问题答复如下”等引出下文。

2. 批复内容

批复内容即批复的事项，这是批复的关键部分，要针对请示的具体内容给予明确的答复或具体的指示。根据上级单位的批复态度不同，批复内容分为三种情况。

如果完全同意，就写上肯定性意见，但不能只笼统地写上“同意你们的意见”，而是要复述原请示主要内容后再表态。

如果不同意请示事项，即不予批准或对下级请求的支持或帮助难以满足，则要在批复中明确表明不同意的态度，如果有必要还要写明否定的理由，这样便于对方接受，利于下级单位相关工作的安排部署。

如果仅同意请示中的部分事项而否定其他事项，则应当分别明确表达这两种态度。对于否定的事项，可以简要阐述理由。

3. 结束语

结束语往往采用“特此批复”“此复”“专此批复”等语句。

如果请示的事项比较重要，上级作出批复后，还可以提出原则性要求作为结束语，给执行单位指明方向。也可以根据需要省略结束语，即答复完毕就结束行文。

六、请示、批复例文评析

例文1

关于增加优秀员工名额的请示

总公司：

在过去的一年中，我公司全体员工积极拼搏，各项业绩取得了巨大的进步，开工面积较上年增加30万平方米，竣工面积较上年增加25万平方米，创造经济效益3亿元（比上年同期增长50%），员工数量增加200余人。近日总公司下发的《关于评选20××年度优秀员工的通知》中给我公司分配的名额为10人，与上年持平。考虑到我公司所取得的突出业绩，尤其是员工总数有了较大增加，特请求增加我公司优秀员工名额，由原来的10人增加为20人。

以上请求，请审批。

××分公司

20××年12月10日

【例文评析】这份请示是请求上级增加名额的请示，即请求上级批准有关事项。例文首先阐述请示缘由，充分而必要；接着提出请求事项，明确具体；最后使用请示特定的结束语。全文层次清楚，格式规范完整。

例文 2

××物流园运营管理有限公司关于××公司分批支付租金的请示

总公司：

××公司是××物流园较早入驻企业之一，根据双方合同，××公司的租金为一年一付，每年租金为60万元（5万元/月）。20××年4月16日，我公司收到××公司来函（见附件），来函称，××公司经营资金出现短暂性周转困难，无法一次性支付租金，申请分批支付，即20××年4月30日前支付20万元，6月30日前支付剩余租金。经研究评估，我公司拟同意其申请，有关情况如下：

一、双方合作情况

××公司自20××年入园以来，与我公司合作顺畅，未产生任何纠纷，并对我公司工作有所支持。20××年12月在调整园区规划时，××公司能够主动让出原已签约预订的厂房，为园区规划调整的顺利实施提供了必要支持。

二、风险评估

按照合同，××公司租金为预付，即4月底支付全年租金。××公司承诺于4月30日前支付20万元，相当于当年已发生的租金费用（按月计算，当年前4个月租金费用为20万元），且其承诺于6月30日前支付所有费用。我公司认为，××公司分批支付租金风险可控。

三、建议

考虑到××公司资金困难为短暂性的且风险可控，经我公司综合研究，建议如下：

（一）建议同意××公司分批支付租金，即在20××年4月30日前支付租金20万元，并在6月30日前支付完剩余租金40万元。

（二）我公司对××公司租金支付情况密切跟踪，如其未在约定期限内支付相关费用，我们将立即向总公司汇报，并按照协议约定采取相关措施。

（三）建议同意延期支付的应收账款部分不对我公司进行财务考核。

妥否，请批示。

附件：××公司工作联系函

××物流园运营管理有限公司

20××年4月25日

【例文评析】这是一份请求上级对所提建议予以答复的请示。开头段介绍了基本情况并提出请示事项，主体部分详述了相关背景、原因，并提出批示请求。全文请示事项及缘由的表述完整详细，便于上级了解实际情况，为上级作出答复奠定了良好基础。

例文3

关于增加优秀员工名额的批复

××分公司：

你公司20××年12月10日《关于增加优秀员工名额的请示》（×司文〔20××〕26号）收悉。经总公司经理办公会研究，同意增加你公司优秀员工名额，由原来的10人增加为15人。请认真贯彻《关于评选20××年度优秀员工的通知》精神，做好评选工作。

××总公司

20××年12月12日

【例文评析】这份批复针对下级单位的请示，主要内容是批准了请示中的请求，但是没有同意其全部请求。此批复内容简洁，首先引叙了对方来文（请示），先引用标题后加小括号注明发文字号；然后说明了上级的意见，态度明确；最后提出了原则性要求。结尾采用了常用的自然结尾方式。此批复的发文日期与请示发文日期间隔时间短，及时答复了下级请示事项，体现出了工作与行文的高效率。

例文4

国家金融监督管理总局关于西电集团财务有限责任公司
变更注册资本及调整股权结构的批复

西电集团财务有限责任公司：

《西电集团财务有限责任公司关于变更股权以及注册资本的请示》（财司字〔2023〕18号）收悉。经审核，现批复如下：

一、同意中国电气装备集团有限公司、许继电气股份有限公司、河南平高电气股份有限公司、山东电工电气集团有限公司投资入股你公司，持股比例分别为41%、5.99%、5.99%、5.98%。

二、同意你公司注册资本由15亿元人民币变更为36.55亿元人民币。

三、本次注册资本变更及股权结构调整后，你公司所属集团变更为以中国电气装备集团有限公司为母公司的企业集团，股东名称、出资金额、出资比例如下：

（一）中国电气装备集团有限公司，出资金额 149,855 万元人民币，出资比例 41%；

（二）中国西电电气股份有限公司，出资金额 146,200 万元人民币，出资比例 40%；

（三）许继电气股份有限公司，出资金额 21,893.45 万元人民币，出资比例 5.99%；

（四）河南平高电气股份有限公司，出资金额 21,893.45 万元人民币，出资比例 5.99%；

（五）山东电工电气集团有限公司，出资金额 21,858.10 万元人民币，出资比例 5.98%；

（六）中国西电集团有限公司，出资金额 3,800 万元人民币，出资比例 1.04%。

四、你公司应按照有关法律法规要求办理注册资本变更和股权结构变更手续，按要求向金融监管总局、陕西银保监局报告。

国家金融监督管理总局

2023 年 7 月 10 日

【例文评析】该文为审批性批复，主要内容是针对企业申请事项逐项表达审批意见。开头段引述对方来文，审批事项针对性很强。主体内容态度明确，数据准确，事项清晰，为企业后续工作提供了明确依据。最后一段提出了相关工作要求。这份批复格式规范，结构严谨，内容精练。

例文 5

×× 市发展和改革委员会关于 ×× 小区前期物业服务收费标准的批复

×× 物业管理有限公司：

你公司报来《关于 ×× 小区前期物业服务收费标准的请示》收悉。根据 ×× 市物价局、房地产管理局《关于进一步规范住宅小区前期物业服务收费的通知》（× 价〔2022〕18 号）等文件精神，经研究，批复如下：

一、同意 ×× 小区前期物业服务执行二级收费标准。前期物业公共服务费暂实行“一费制”（含清洁卫生、绿化养护、秩序维护以及共用设施设备运行、保养、检测、维修费用等），高层住宅费用为 0.95 元 / 平方米 · 月（上下浮动 15%，二次供水增压水泵等高耗能共用设施设备运行所需电费由住户合理分摊，并定期公布）。待业主大会成立后，由业主委员会提请业主大会同意，与物业服务企业在物业服务合同中约定并报价格主管部门审核后，按新约定的收费标准执行。

二、装饰装修垃圾清运费为 2.0 元 / 平方米，一次性收取。

三、普通住宅小区前期物业服务的车辆停放收费标准，由开发建设单位与物业服务企业按照车位、车库的专有权益及相关政策规定，在前期物业服务合同中约定停车服务收费标准。物业服务企业不得向进入物业管理区域内执行公务及为业主或物业使用人配送、维修、安装等而临时停放的车辆收取停车费用。

望你公司严格按照合同约定的服务项目、服务内容、服务标准，做好物业服务和管理工作。物业服务收费要实行明码标价制度，收费前到发改委办理“服务价格登记证”，亮证收费，自觉接受价格主管部门的监督检查。

此收费标准自发文之日起执行。

特此批复。

×× 市发展和改革委员会

20×× 年 7 月 25 日

【例文评析】该文为指示性批复。这份批复针对企业收费标准这一请示事项作出了明确答复，对收费项目、标准、方式和工作要求作了明确说明，既保障了相关人员合法权益，也便于企业执行。

思考与练习

1. 工作中如果出现了以下情况，是否可以使用请示行文？为什么？

（1）对有关政策、法规、规章不够明确或有不同理解，需要上级给予明确解释或答复。

（2）工作中遇到新情况、新问题，解决时无章可循、无法可依，需要上级作出指示方可办理。

（3）本地区、本单位的某一困难需要上级帮助解决。

（4）出现按规定不得擅自解决、须经上级批准方可处理的问题。

（5）因特殊情况难以执行原规定，需要变通时，有待上级作出指示。

（6）遇到超出本单位职权范围的事项。

（7）工作中出现涉及面广、本单位或本部门无法协调或单独解决的问题，需要依靠上级协调和统筹安排。

2. ×× 市 ×× 总公司第五分公司与周边地区多个养殖场、鱼塘等实行联营，鲜肉、鲜蛋、鱼虾等食品大量增加，原有的冷库已不能满足需要，制约了业务的拓展。第五分公司拟在附近的 ×× 地区新建一个冷库，主要用于储存上述冷鲜货物。该冷库所需资金预计约 500 万元，第五分公司已自筹资金 100 万元，拟请求总公司拨款 400 万元。

（1）根据上述材料撰写一篇请示。

（2）针对所撰写的请示，代表上级单位起草一份批复。

第六节 函

一、函文体概述

（一）函的含义

函是不相隶属单位之间相互商洽工作、询问和答复问题，或者向有关主管部门请求批准事项时所使用的应用文。“不相隶属”是指单位之间没有直接的上下级关系。

函是平行文种。当工作中遇到问题和困难时，如本单位独立解决有一定的障碍，需要与不相隶属的单位进行联系，请求他们协助才能解决，应使用函这一文体。某些业务的主管部门对无隶属关系的单位请求批准的事项等进行答复、审批，也应使用函这一文体。

（二）函的特点

1. 使用范围广泛

函的使用范围广泛，灵活方便，不受级别高低、单位大小的限制，各级机关、团体、企事业单位都可广泛使用函。

2. 一事一函

函的主体内容应具备单一性，一份函只宜写一件事。函的语言应简洁明了，篇幅要短，有的函甚至只有三言两语。

3. 用语谦敬

函的用语注重谦恭有礼，尊重对方，以求得到对方的支持和理解。

二、函的类型

（一）商洽函

商洽函是指不相隶属的单位之间商洽工作、联系有关事宜、请求协助解决某一问题时使用的函，多用于商调干部、洽谈业务或联系活动等。参见本节例文 1。

（二）询问函

询问函是指不相隶属的单位之间互相询问情况、问题或征询意见时使用的函。参见本节例文 2。

（三）答复函

有关主管部门对不相隶属的单位批准某些业务事项（如经费拨付），可使用答复函，它与批复功能相同。答复函表明主管部门对某些事项的态度，既可表示同意，也可表示不同意。若不相隶属单位之间针对询问函进行回复，也应使用答复函。

（四）申请函

申请函指向无隶属关系的有关主管部门请求批准某些事项的函。有关单位对于某些事项需要向不相隶属的有关主管部门请求批准，且不宜使用请示行文的，应使用申请函。参见本节例文 3。

（五）告知函

告知函是指不相隶属单位之间相互告知有关事项时使用的函，不带有指挥性质。

三、函的结构与写作方法

（一）标题

函的标题一般按照公文标题的规范拟订，由发文单位名称、事由和文种构成。复函的标题可以“复函”二字作为文种。

（二）正文

1. 发函缘由

去函一般要求概括说明发函的目的、根据、原因、背景等。复函一般应先引叙对方来函的标题、发文字号，表示收悉，然后交代根据，以说明发文缘由。

2. 主体

主体部分是函的核心内容。去函应直陈其事，说明所商洽、询问或请求解决的具体事项，语言应简洁得体。复函主要针对来函内容予以答复。如内容复杂，在表述上可考虑采用条款式。

3. 结束语

一般使用礼节性用语向对方提出请求或希望，如“特此函达”“敬请复函”“特此函复”“以上意见请参考”“望予以协助”等。

在行文时，要注意采用沟通性表述，尊重对方。语言应规范得体，做到礼貌、谦和、态度诚恳，不可使用生硬甚至是命令性的语言，如“必须”“应该”等。对上应尊重谦敬，但不逢迎；对下应严肃宽厚，但不傲慢；对不相隶属的单位，应以礼相待，不盛气凌人。

四、函例文评析

例文 1

××建筑公司关于建立校企协作关系的函

××××学院：

近年来，我公司与贵校在毕业生实习与就业、建筑技术攻关等工作中互相支持，团结协作，取得了一定的成绩，建立了良好的协作基础。为了巩固成果，建议双方今后能进一步在人员培训、技术研究、仪器设备使用等方面建立全面的交流协作关系，特提出如下建议：

一、定期举行校企之间的座谈会与学术交流活动。（下文略）

二、根据校企各自的工作需求、工作特点，选择双方共同感兴趣的项目开展合作。（下文略）

三、根据双方各自人员情况，校方在可能的条件下对企业员工开展培训。（下文略）

四、对于需要共享的高端仪器设备，在可能的条件下，提供对方使用。（下文略）

以上各项，如贵校同意，建议互派相关负责人就有关内容进一步磋商，达成协议，以利工作。

特此函达，希研究见复。

××建筑公司

20××年4月15日

【例文评析】这是一份与外单位联系商洽工作的函，发文单位与主送单位之间没有任何隶属关系。开头说明了双方合作情况，作为发函的背景和依据，然后提出了合作目的，主体部分着重说明建议，采用条款式表述使得内容条理清晰，便于对方研究考虑。结尾用函特定的结束语。全文语气诚恳，体现了双方平等协商的关系。

例文 2

××工程机械有限公司关于承运 SCC9000 履带式吊车的函

××物流有限公司：

我公司近期在江苏昆山购买了 SCC9000 履带式吊车。因工程需要，所购吊车必须于今年2月20日前运抵广东××电厂施工现场。其间恰逢春节，工期紧迫，不能拖延。为此，特致函贵公司，询问能否承接此项业务，我公司可适当增加运输费用。

望大力支持为盼！

××工程机械有限公司

20××年2月15日

【例文评析】这是一份询问函，事项缘由简洁明了，同时考虑情况的特殊性，主动提出增加运输费用，为顺利解决问题打下基础。结尾表达了迫切的期盼，诚恳之意跃然纸上。

例文 3

关于拟录用 20×× 届大中专毕业生的函

总公司人力资源部：

根据总公司《关于员工聘用工作的规定》的相关要求，我公司对应聘的 20×× 届大中专毕业生进行了笔试、面试、试用等一系列考察，最终决定录用张 × 等 20 人为我公司正式员工。现将有关录用审批材料报上，请审批。

附件：录用审批材料（20 份）

××总公司第一分公司

20×× 年 4 月 20 日

【例文评析】这是一份向职能部门申请批准事项的函，发文单位和主送单位互不隶属，故虽有请求，但仍应使用函。开头介绍工作依据和基本情况，接着提出请求，并使用函特定的结束语结尾。附件材料便于职能部门审核。

例文 4

××信息技术股份有限公司关于商请支付 ×× 项目设备款项的函

××信息网络股份有限公司：

20×× 年 × 月 × 日，贵单位与我公司经友好协商签订设备销售合同（编号 ××，以下简称合同），合同总金额为 ×× 万元（人民币大写 ×× 元整）。合同第四条约定，甲方（即贵单位）在本合同签署后的 × 日内向乙方（即我公司）支付合同总金额 100% 的设备款。为保证项目顺利实施，如期完成产品交付等后续工作，进一步巩固双方合作关系，根据合同上述条款约定，请贵单位于 20×× 年 × 月 × 日前向我方支付设备款项，金额为 ×× 万元（人民币大写 ×× 元整）。

我公司银行账户信息如下：

户名：××信息技术股份有限公司

开户行：×××××××

账号：×××××××××

如有未尽事宜，请与本公司联系人 ××（电话：××××××××）协商。

特此函达。

××信息技术股份有限公司

20××年×月×日

【例文评析】这是一份发给商业合作伙伴的催款函，函件提出的诉求具有充分的依据，事项明确具体，同时又体现平等尊重之意。

思考与练习

1. ××学院经管系为培养学生的实践能力，与某超市联系，希望安排营销专业学生去超市实习。请你替该学院写一份函，相关具体信息可自行补充。要求理由充分，事项明确，语气得体，结构完整。

2. 根据以下材料分别撰写一篇去函和复函。

易泰公司是一家新成立的企业，为迅速提高员工的业务水平和工作能力，公司计划对部分员工开展专业培训，主要内容是行政管理知识、计算机操作技能和外语口语。易泰公司通过调查得知，××大学在社会培训方面口碑不错，教学质量较高，于是与该大学联系，希望能派三名人员到该校学习，时间为一年，有关培训费用按学校要求支付。

××大学接到易泰公司的商洽函后，回函表示同意，培训费用按国家统一标准收取，随函还寄去三张"进修人员登记表"，并告知具体要求以及进修人员来校报到的时间、具体负责此项工作的部门等。

第七节 纪　要

一、纪要文体概述

（一）纪要的含义

纪要是记载会议主要情况和议定事项的应用文。纪要产生于会议之后，属纪实性应用文。

纪要根据会议记录、会议文件及其他有关材料加工整理而成，记载会议主要情况，传达会议议定事项，概括提炼会议精神，是会议情况的真实概括和高度提炼。纪要用于统一认识，指导相关工作的开展。有关单位通常要执行纪要所记载的议定事项，它是有关单位落实会议精神的依据，对有关单位和人员具有一定的约束力，是开展工作的重要依据。

纪要不同于会议记录。会议记录是会议内容的原始记录，要把会议进行情况、研究的问题、会上发言与报告的主要内容、议定的有关事项等如实记录下来，侧重于如实记载会议进行过程中的情况；纪要则是根据会议的宗旨，用准确而精练的语言综合概括议事要点和决定事项，它是在会议记录的基础上经过进一步分析、综合、提炼而成的文件。此外，会议记录一般不对外行文，不向下级单位发放，而纪要可以对外行文，可以向下级单位发放，下级单位在工作中应当执行纪要中的议定事项和要求。

（二）纪要的特点

1. 纪实性

纪要必须如实反映会议的真实情况，不能有半点虚假。纪要具有纪实性，仅限于会议议及的内容，不能把没有经过会议讨论的问题、未经与会各方共同确认的结论性意见写进纪要中。

2. 简明性

纪要的内容是会议的要点，具有简明性，是对会议内容和结论的高度概括，体现会议的主要精神。

3. 约束性

纪要具有一定的约束性，与会单位和有关人员应共同遵照执行。

二、纪要的类型

根据写作方法不同，纪要可分为条项式纪要、综合式纪要和摘要式纪要三种类型。

根据会议性质不同，纪要可分为办公会议纪要和其他会议纪要。其他会议纪要包括专题讨论会议纪要、座谈会纪要、学术研究会议纪要等。

三、纪要的结构与写作方法

（一）标题与成文日期

纪要的标题通常有两种类型。一种由会议名称和文种构成，如“打击发票违法犯罪活动工作会议纪要”；另一种是正副标题，正标题反映会议的主要内容，副标题则写会议名称和文种，如“探索电子商务发展之路——××省电子商务研究会第六次学术年会纪要”。

纪要的成文日期即会议举办的时间或领导签发纪要的时间，一般在标题下方居中位置用小括号注明年、月、日，也可将成文日期写在全文末尾。

（二）正文

1. 导言

导言即纪要的开头部分，简要概括会议的基本情况，使阅读者对会议有总体了解。导言的具体内容包括会议的名称、目的、重要性、必要性、时间、地点、参加人员、主要议题、成果以及对会议的评价等。虽然内容较多，但篇幅不宜过长，应做到简明扼要。

2. 主体

主体即会议内容，是纪要的核心部分。内容包括会议研究讨论的问题及事项、对工作的评价、会议报告的内容要点、贯彻会议精神所应采取的措施和办法以及提出的要求等。主体部分的写法有三种形式。

（1）条项式

条项式写法把主体内容归纳、分类后一条条列出，多使用序号。条项式纪要条理清晰，内容清楚，重点突出，便于阅读者理解、掌握和执行。

（2）综合式

综合式写法是一种比较普遍的写法，是把会议的内容或议定的事项综合概括后，按照逻辑顺序分成若干部分来写的方法。这种写法一般把重要内容放在前面，而且尽量详细、具体；次要内容一般放在后面，可适当简略。综合式写法利于分清主次，突出主要内容。

（3）摘要式

摘要式写法一般按与会者的发言顺序，把其发言要点即主要意见归纳、整理、摘录出来。这种写法的最大好处是能保留发言人谈话的风格，如实反映会议的讨论情况和与会者的不同观点，多用于座谈会、讨论会等会议。此外，发言者的姓名必须注明。

纪要在语言表达上以叙述为主，应尽可能简洁，切忌长篇大论；在段落安排上，要层次清晰、条理分明，篇幅不宜过长。撰写时可使用纪要的习惯用语作为段落的开头语，如“会议决定”“会议认为”“会议要求”“会议号召”“会议提出”“与会者一致认为”等。

3. 结尾

纪要的结尾部分不是必需的。如有必要，可以写对与会者的希望和要求，或提出今后工作的努力方向。也可以不写专门的结尾，正文意尽自然结尾。

四、纪要例文评析

例文

××××设备管理公司
20××年第一次经理办公会议纪要

20××年4月3日，为全面总结公司前期工作，进一步完成好各项工作任务，我公司召开了20××年第一次经理办公会议。会议由公司经理××同志主持，公司副经理××及××、×××、×××、×××等部门负责人参加了会议。

会上，××经理认真听取了各部门负责人对前一阶段工作开展情况的汇报后，针对目前工作中存在的相关问题，结合各部门工作实际，明确了工作思路，对相关工作作出了具体安排和部署。××同志传达了总公司20××年3月17日召开的20××年安全生产工作会议精神，并结合工作实际提出了工作要求。会议主要内容如下：

一、车辆与设备管理

1. 会议讨论通过了《××公司公务车辆管理办法（试行）》，要求正式印发。

2. 对停放在××基地的26辆公务车，会议同意公司综合科提出的处理意见，待报请总公司批复后，再进行报废处理。

3. 对××、×××两基地设备进出场收费问题，会议决定，总公司内部租赁设备出场时一律交纳上车费，收费标准由×××、×××两位同志根据行业标准尽快制定（要明确总公司内外标准系数），对回场设备不再收取卸车费。

二、人员管理

1. 为保证行车安全，规范公务车辆管理，同意设备科、特种设备科两部门使用的公务车各聘用一名专职驾驶员。驾驶员由两个部门自行推荐，报公司经理同意后聘用，综合科负责建档、签订合同，聘用工资标准为2 500元/月，其公务车由公司综合科统一管理。

2. 为提升公司形象，会议决定为公司机械操作人员、维修工定做工作服，具体定做工作由综合科负责完成。相关费用及工作服使用要求如下：

（1）相关人员每人配冬装2套、短袖衬衫2件，单件（套）费用在200元以内。

（2）每位操作人员、维修工在工作时间一律穿工作服，并保持工作服整洁完好。为强化管理，公司对每人收取押金100元，若工作服2年内无故丢失、破损，公司将扣取该押金。

三、经理办公会议制度

会议讨论确定，建立公司经理办公会议制度。从本月开始，每月第一个星期五的下午2点，经理主持召开一次经理办公会议。每次会议前，各部门负责人要安排好工作（出差）时间，认真总结上月各项工作完成情况，对当月工作进行计划性汇报，并结合公司夯实基础、加强管理、促进经营发展等各个方面工作提出实实在在的意见和建议。办公会议上，公司经理将针对公司生产经营情况作工作安排和部署，并负责督促、检查和指导。

四、其他工作

1. 4月底前，综合科全面完成好劳务合同签订工作，并按政策规定缴纳社保费用。

2. 为进一步加强××基地周转材料管理，暂调×××基地材料管理员×××到××基地负责周转材料管理，并继续负责原×××基地相关工作。

3. 为进一步完善机械设备进出基地交接手续，规范交接程序，会议要求××同志牵头制作相关流程图，×××同志配合完成。

【例文评析】这是一份企业办公会议纪要。前言部分用两个自然段，采用概述的方式说明了会议的基本情况。第一个自然段交代会议召开的目的、时间、地点、主持人、参加人，第二个自然段则概述会议的主要议题。主体分别从会议就若干方面工作所作出的决定，将相应内容全面而简要地归纳出来，语言准确，便于以后在工作中贯彻落实。

思考与练习

1. 根据以下会议记录撰写一篇纪要。

会议名称：国际货物运输保险工作会议

会议时间：2023 年 2 月 16 日 15：00—17：00

会议地点：×× 进出口公司会议室

主持人：朱 ××

会议记录：钱 ××

与会人员：朱 ××、彭 ××、沈 ××、曹 ××、郭 ××、夏 ××、孙 ××

会议组织学习了 ×× 保险公司的运输保险协议书，分析了各项条款，找问题、找风险，同时分析了两个保险索赔案例，梳理了保险流程，重点分析了投保相关的工作重点及注意事项。

一、投保单填写的重点

1. 合同号、货物件数、目的地、转运地、出口口岸应与投保单对应的委托书一致。

2. 装箱地应写明公司名称、详细地址。

3. 投保金额为报关金额 ×110%。

4. 船名、航次、开航日期应写明货运代理提供的准确船名、航次、开航日期。

5. 投保险别包括一切险附加战争险，罢工、暴动及民变险等。

6. 保险费率：无特殊情况，保险费率为 0.016 2%。

二、投保要点

1. 投保时间：必须在装箱日前的工作日（工作时间）以邮件投保。

2. 投保方式：将邮件发送至 ×× 保险公司唯一指定邮箱，且对方邮件回复“收到”，才完成投保程序。

3. 若投保后发生船名、航次、货物变更，应第一时间与 ×× 保险公司投保联系人沟通，按要求更正投保内容。

三、出险理赔流程梳理

会议分析了 2022 年两个出口物资保险索赔案例，并讨论了出险理赔处理流程及对单证的要求。

2. 根据以下会议记录写一篇纪要。

4 月 30 日，×× 集团有限公司召开了 20×× 年第一季度生产经营分析会。会议由集团副总经理 ×× 主持。首先，各成员企业主要领导汇报了本企业 20×× 年第一季度生产经营的实际情况及同行业对标情况，对各自存在的问题进行了分析，并提出下一阶段企业自身工作的重点。之后，集团副总经理×××，集团董事长、党委书记×××，集团总经理××分别作了重要讲话。

集团副总经理×××总结了××集团20××年第一季度的生产经营情况。集团董事长、党委书记×××在讲话中肯定了各成员企业第一季度的工作成绩，并指出与同行业先进水平存在的差距，强调应高度重视。对于今后的工作，他要求各成员企业鼓足干劲，奋起直追：一是要在市场开发方面全面追赶，努力扩大市场份额；二是要科学安排生产，抓好重点项目、重点产品、重点工程，保证交货期，提高客户满意度，确保上半年实现“双过半”；三是要加快技术创新，抓紧产品结构的调整工作；四是要进一步加强降本增效工作，提高管理水平；五是要抓好产品质量、安全生产及稳定工作。

集团总经理××作了会议总结。他指出，此次会议材料准备充分，问题分析具体、实事求是，任务措施全面、可操作性强，进一步统一了集团上下的思想认识，增强了大家加快结构调整的责任感和紧迫感。他要求各成员企业在今后的工作中，要坚持业绩导向，科学发展，确保20××年生产经营指标全面完成。他同时表示，集团总部将进一步加强自身建设，充分利用各项资源，为成员企业发展提供支持。

××集团领导及××公司领导，××集团、××公司各部门主要负责人，各所属企业党政主要领导等参加了会议。

第三章 财经事务应用文

学习目标

◎ 了解计划、总结、规章制度、启事、简报、消息等文体的含义、特点。

◎ 了解计划、总结、规章制度、启事、简报、消息等文体的类型。

◎ 掌握计划、总结、规章制度、启事、简报、消息等文体的结构与写作方法。

◎ 能够撰写财经类的计划、总结、规章制度、启事、简报、消息等应用文。

第一节 计　划

一、计划文体概述

（一）计划的含义

计划是各机关、团体、企事业单位或个人以书面文字的形式，对未来一定时期的工作或活动提出设想、预先作出安排的应用文。

计划是一个较为宽泛的文种概念，由于内容、涉及范围、时限等的不同，计划还被称为规划、方案、要点、安排等。

规划是指具有全局性的、涵盖较长时期（一般应在 3 年以上）的长远计划；方案是指对某一具体事务从目的、要求、工作方式和工作步骤等方面详细作出部署与安排的计划；要点是仅仅说明主要工作目标的较为简略的计划；安排是指对短期内某项具体事务进行基本布置的计划。

计划对开展工作具有指导作用。一份合理可行的计划能够使工作有序地开展，提高人们工作的自觉性和预见性。事先制订的计划对工作还具有一定的约束作用。计划制订后就要认真贯彻执行，同时，计划还可以作为评价和检查督促的依据。

（二）计划的特点

1. 预见性

预见性是计划最明显的特点。它不是对既成事实的反映，而是着眼于未来的设想和安排，对将来的目标、方法、措施作出的明确而恰当的预见性确认。

2. 可行性

可行性是指计划应在现有条件下实现。如果目标定得过高，措施无力实行，计划就毫无价值；反之，如果目标定得过低，措施、方法都没有创见性，虽然很容易实现目标，但并不能取得有价值的成就，计划的价值也就不高。

3. 约束性

计划经过批准或认定后，在其所指向的范围内就具有了约束作用，相关单位或个人应当贯彻执行。

二、计划的类型

（一）按照计划时间长短划分

按照计划时间长短，可以将计划分为长期规划、中期计划、短期计划。一般长期规划的计划时间至少为 3 年，普遍为 3 ～ 5 年；中期计划的计划时间一般为 1 ～ 2 年；短期计划的计划时间通常为 1 年内。

（二）按照内容性质划分

按照内容性质不同，可将计划分为政策型计划、方法型计划。政策型计划往往是总体目标和要求，是指导单位各部门制定决策、明确方向、增强行动一致性的指导性计划，它通常是由一个组织机构的最高管理层制订的；方法型计划是业务单位或部门为完成具体的目标任务而要实行的措施、步骤等，往往是指导个体工作步骤的明确表述。

三、计划的结构与写作方法

（一）标题

1. 完整式标题

计划的完整式标题构成是：单位名称＋适用期限＋计划内容＋文种名称。如“××市××公司20××年财务工作计划”“××公司20××—20××年业务发展规划”。应根据实际需要恰当采用计划、规划、要点、方案、安排、设想等具体文种名称。

2. 省略式标题

有的标题可以省略某些标题要素（如省略适用期限），如“××公司员工培训工作计划”；有的标题可以省略计划单位名称，如“20××年工会工作要点”。注意：上报的计划必须有计划单位；不上报的计划可以省略计划单位，不过必须在正文末尾署名。

3. 公文式标题

公文式标题由发文单位名称、事由、计划类型构成，如“××公司关于20××年机构改革工作的安排”。

计划未经会议讨论正式通过的，要在标题之后括号内或正下方标明“讨论稿”“初稿”“征求意见稿”等字样。不成熟的计划可用“草案”“试行”等字样。

（二）正文

1. 前言

计划一般应具备简短的前言。前言的主要内容包括：过去工作的回顾，制订计划的目的、意义、依据、指导思想、总目标、总任务。前言往往以“为此，特制订计划如下”或“特制订本计划”为过渡语，引出主体部分。有时，前言也可省略。

2. 主体

主体是计划的核心部分，应当写明计划的三要素，即目标、措施、步骤。

目标即某一时段内要完成的工作任务，也就是“做什么”。目标任务一般采取分条列项的方法，用小标题或者段首主旨句的形式加以叙述。

措施是实现目标的具体方法，包括举措、分工、岗位职责、协作等，可概括为“怎么做”。

步骤是实现目标的程序或阶段，在每一步骤要写明各阶段的时间安排，先干什么，再干什么。

根据计划的内容和表述需要，可选择条文式、图表式或条文图表结合式的写法。条文式计划适用于时间较长、范围较大的计划，其特点是通过书面文字分条列项地将整个计划的内容反映出来。后两类写法的计划一般适用于涉及数量的工作，具有易归类、易填写、易于对照和检查等特点。

3. 结语

计划的结语可以说明计划的执行要求，也可以提出希望或号召。有的计划不专门写结语。

（三）附件

有的计划带有附件，一般将那些不便在正文中逐条表述的材料放在附件中。附件是计划的重要组成部分。

（四）落款

落款包括署名和成文日期两项内容。署名写上制订计划的单位名称，位于正文右下方、成文日期之上。标题中标明单位名称的，落款处可以省略单位名称。日期写计划通过或批准的时间，年、月、日要齐全。

四、计划例文评析

例文 1

××公司20××年度销售工作计划

在过去的一年中，××公司在市场拓展、新客户开发等方面取得了显著的成绩，××品牌产品在国内市场已经占据了一定份额。产品销售额逐月增长，客户数量稳步增加，市场已由原来的华东地区扩展到东北地区，并已着手向西南、西北地区拓展。在总结20××年度工作的基础上，公司坚持以“内抓管理、外拓市场”的方针开展20××年度的销售工作，特提出如下计划：

一、指导思想

坚持创新求实的指导思想开拓国内市场。

二、年度目标

1. 全年实现销售收入2 500万元，利润为100万～150万元。

2. 产品在本行业国内市场的占有率大于10%。

3. 各项管理费用减少 10%。

4. 设立产品开发部，在总公司的指导下，完成下达的开发任务。

5. 积极配合总公司做好上海 ×× 区的相关工作事宜及总公司交办的其他事宜。

三、主要措施

1. 统一市场形象

针对国内市场的特点，对公司形象进行专门设计，提高 ×× 品牌产品在市场的统一形象，为今后更有力地提高知名度奠定稳定基础。

2. 扩大销售队伍

公司拟在 3 月初招聘 7 ~ 8 名业务员，对其进行全面的业务知识培训，使其着力于市场开发。

3. 细分销售区域

将全国分为 7 ~ 8 个销售区域，针对每个区域分别下达考核指标。各区域销售团队的收入与业绩挂钩，做到奖罚分明，责任明确。

4. 充实代理商队伍

依照销售网络的布局，大力推行代理商制，争取年内开发 15 ~ 20 家省级销售代理商。

5. 增强研发能力

设立产品研发部，力争上半年引进 3 ~ 5 名技术开发人员，下半年初步形成新品开发能力。

6. 加强内部管理，提高经济效益

着重从成本核算、人员激励等方面加强内部管理，促进经济效益的提高。

×× 公司

20×× 年 1 月 10 日

【例文评析】这是一份方法型计划，内容比较有针对性。开头简要说明“为什么做”，即制订计划的目的。主体分条列项地将“年度目标”“主要措施”加以说明，层次清晰。在内容安排上，先将总目标分解为若干项，每项子目标下明确具体措施，读者一看就知道每项目标该怎么实现。

例文 2

××公司20××年度工作计划

一、年度目标

××公司20××年度工作要点是：初步具备核心竞争力，拥有自主品牌，拥有省内最优秀的业务团队，开拓1～2个新业务增长点，初步具备研发能力。

二、企业文化

20××年度是公司品牌建设的关键一年，从管理层到每位员工要在思想上对“创××品牌”有清楚的认识。“××理念”是公司的灵魂，要将“××理念”正式写入公司章程。要完善员工福利待遇，管理层必须善待员工，消除员工的后顾之忧，使员工能安心工作。要倡导建立学习型公司，团队共同发展，营造发展气氛，让员工在工作中感到愉悦，在奋斗中得到发展。

三、管理工作

加强公司管理，建立董事会监督、评价、制约总经理的制度，监督公司人事任免事项和重大风险行为。明确各岗位职责，建立健全责任追究制度，探索多种奖励方法。

四、人力资源

公司的人才战略决定公司的命运，拥有一批高素质人才是公司发展的必然要求，拥有省内最优秀的业务团队是我们最紧迫的任务。一方面要对现有人员进行培训，提高其综合素质，另一方面要大力引进各类专业人才，以更宽广的胸怀和更强的包容性对待每一个有发展理想的人。在着力改善员工福利待遇的同时更加重视人的发展将是公司今年的主基调。

五、财务管理

财务负责人要了解公司业务发展情况，合理调配资金，提出预警和规划；要及时为管理者和相关人员提供各种报表以及项目、行业等方面的投资收益比较分析，以便管理者作出决策；要及时兑现公司奖励和业务提成，按时发放工资；要做好财务保密和安全工作，依法完成包括所得税在内的税费申报和缴纳工作。

六、技术与服务

公司将提高员工专业技术水平，再培养一名××工程师、两名××工程师，建立更高水平的服务团队，用好售后服务系统，规范施工和服务标准，优化技术知识库，落实项目总结和试点项目评价制度，继续推行项目经理负责制度，加强公司的技术研发和创新能力。今年要重点做好软件部实现利润增长、×× 产品研发以及无线视频传输等技术的掌握与应用工作。

七、质量管理

加强质量监管，加大投入力度，不折不扣地执行公司的质量方针。

八、售前支持

扩大售前支持的范围，协助业务人员做好产品选择与项目布局工作，使售前支持部门真正成为业务人员的好帮手、好军师。加强售前支持部门与项目实施部门、技术服务部门的沟通与协作，售前工作要为实施项目与提供服务奠定良好的基础。

九、业务工作

严格执行项目立项制度和重大试点项目分析制度。巩固现有市场，适时向外拓展。巩固在 ×× 行业的龙头地位，工作重点由扩大市场占有率转变为完善服务，提升客户满意度。保持与 ×× 等企业的良好合作，将进军行业核心领域作为今年的战略重点。提高增值业务等新业务所占比重。

十、厂商合作

加强自有品牌产品建设，加强公司与厂商的合作，优化上游资源，妥善处理长期利益与短期利益的关系。

十一、做好宣传、培训工作

组织一两次市场宣传和技术培训活动，参加和赞助主要服务行业的重要会议。开展一次大型的技术专业培训以回馈老客户。

20×× 年 12 月 25 日

【例文评析】这是一份政策型计划，主要是为了明确企业的年度工作总体目标和要求，为下属各部门开展工作指明方向。文章以条款的形式明确了 20×× 年企业的主要任务和落实途径。

思考与练习

1. ×× 酒店人力资源部准备对新招聘的 100 名员工进行入职培训，培训的主要内容有外语、礼仪、沟通、消防、急救、文化素养、各岗位服务标准等，时间为一周。培训采用集中授课、网络培训、员工自学等多种形式，培训结束后要进行书面考核。请代人力资源部制订本次培训的工作计划，要求工作目标明确，采取的方法措施切实可行，力求条理清晰，便于实施。

2. 撰写一份明年的个人学习或工作计划，要求目标明确、措施可行，采用条文式写法，语言简洁准确。

第二节　总　结

一、总结文体概述

（一）总结的含义

总结是单位或个人对过去某一阶段情况进行回顾、分析和评价，从中得出经验教训，为今后的工作提供指导和借鉴的应用文。

通过撰写总结，一方面可以从过去的情况中吸取经验或教训，为下一步工作提供指导，另一方面还可以发现事物的内在规律，提高认识水平，促进工作开展。

（二）总结的特点

1. 理论性

总结是对规律认识的反映，而非对工作的简单复述。总结要通过分析、研究过往的情况把感性认识上升到理性高度，是否体现对规律的认识是衡量一篇总结质量优劣的标准。

2. 客观性

总结应以客观事实为依据，真实、客观地分析情况、解决问题、总结经验，不允许虚构和编造。

3. 指导性

撰写总结是对以往工作全面系统地回顾、分析和检验的过程，从以往实践活动中总结经验和教训，总结对今后工作能提供有效指导。

二、总结的类型

（一）综合性总结

综合性总结也叫全面总结，是一个单位或部门对某一时期各方面工作的回顾和评价，需要展现该单位、该部门该段时间内的工作全貌。这类总结内容较广泛，要反映工作的概况、取得的成绩、存在的问题、经验教训以及今后的改进意见。参见本节例文 1。

（二）专题性总结

专题性总结也叫单项工作总结，是一个单位或部门对某项特定工作或某个方面的情况所做的专门性工作总结。参见本节例文 2。

三、总结的结构与写作方法

（一）标题

1. 常规标题

常规标题采用“单位名称＋总结时限＋主题内容＋文种”的模式，如“×× 公司 20×× 年工作总结”“×× 商场 20×× 年第四季度销售工作总结”。

2. 新闻标题

标题中不出现“总结”字样，而是概括主要内容或基本观点，如“只有激励机制才能增强企业活力”；也可以采用设问的方式，如“我们是如何提高职工培训质量的”；有时可以采用正副标题，正标题概括主要内容或揭示主题，副标题补充说明单位、时限、工作内容、文种，如“抓改革　促管理　增效益——×× 制药厂 20×× 年工作总结”。

（二）导言（前言）

总结的导言部分一般简要介绍工作背景、工作概况，点明主旨和主要成绩，为主体部分做铺垫。导言通常应简明扼要地说明总结所涉及的时间、背景、任务、效果等，给人以整体印象。导言和主体之间常用“现将这一阶段的工作总结如下”之类的话引出主体部分。

（三）主体

主体主要包括成绩与经验、问题与教训两类内容。成绩与经验应用翔实的材料说明取得了什么成绩、是怎样取得的等，最好有实例、有数据、有体会；问题与教训可实事求是地写明工作中的问题，分析原因，指出应吸取的教训，也可将解决问题的措施结合起来写。主体部分主要有以下两种结构类型。

1. 体会式结构

体会式结构以经验体会为主线来安排结构，以小标题连接内容。经验性总结通常运用这种结构。

2. 阶段式结构

阶段式结构根据工作发展过程中的若干阶段，按时间先后分成几个部分来写，每一阶段都指出所取得的成绩、存在的问题等内容。

正文不论采用何种结构，都应当围绕三方面内容来写，即工作情况、取得的成果以及存在的问题、经验和教训。写作时不能仅仅停留在对现象和事实的说明上，应包含对事实和现象的分析与总结。

（四）结尾

总结的结尾部分可以说明工作中存在的问题或不足，也可以提出对未来工作的展望。如在主体部分已包含结语的意思，可不再专门写结语。

（五）落款与成文日期

落款为总结单位名称，如标题中已标明单位名称，此处可省略。成文日期常以部门或单位领导审阅、签批日期为准，年、月、日要齐全。

四、总结例文评析

例文 1

××市城市建设投资有限公司20××年工作总结

20××年是××市城市建设投资有限公司（以下简称建投公司）进入实质性运转的第一年。一年来，公司遵循“服务经济大局、实现跨越发展”的工作思路，在市政府性投资项目管理委员会办公室（以下简称投资办）的直接领导下，以加快城市发展为己任，拓展思路、抓住机遇、积极探索、锐意进取，全面完成了各项工作任务，为城市建设和经济发展作出了一定的贡献。回顾今年所做的工作，主要有以下几个方面：

一、主要工作

（一）明确思路

1. 明确建投公司投融资主体地位。（下文略）

2. 明确建投公司政府性投资项目实施的主体地位。（下文略）

3. 明确建投公司的主要职能和任务。（下文略）

4. 明确工作思路。（下文略）

（二）完善机制

1. 完善法人治理结构。（下文略）

2. 完善规章制度。（下文略）

3. 完善内部运行机制。（下文略）

（三）规范运作

1. 规范 20××年投资计划编制工作。（下文略）

2. 规范项目工程招投标工作。（下文略）

3. 规范项目实施和资金管理。（下文略）

4. 规范人员招聘程序。（下文略）

（四）抓住重点

1. 申请贷款工作取得重大成果。（下文略）

2. 融资工作取得重大突破。（下文略）

3. 推进城市重点项目建设。（下文略）

4. 做好开发区中小企业贷款试点工作。（下文略）

（五）做好协调

1. 积极做好向各级领导的汇报工作，争取支持。（下文略）

2. 加强与各职能部门的协调配合，营造良好的工作氛围。（下文略）

（六）加强监督

1. 成立监督机构，加强项目招投标监督。（下文略）

2. 发挥监事会的监督职能。（下文略）

二、存在的问题

20××年建投公司上下凝心聚力，开拓进取，取得了一系列成果，稳步推进项目建设，较好地完成了市委、市政府和市投资办交办的各项工作任务。但我们也要清醒地看到，工作中还存在着一些不容忽视的问题，主要表现在：

（一）偿债机制尚未有效建立。根据市人大有关决议和市政府有关规定，偿债机制的许多政策已经制定，但尚未得到很好落实。这种状况发展下去，势必影响银行贷款的本息偿还。

（二）部门关系尚待理顺。城市基础设施贷款项目是一项系统工程，涉及面广，各部门必须高度重视、积极配合，才能保证项目顺利推进。从前期工作情况看，部门之间的关系有待进一步理顺。

（三）项目资本金没有完全到位。按照我市20××年工程建设用款计划以及与国家开发银行签订的借款合同，明年将到位贷款资金××亿元。根据有关合同约定，我市须按比例配置项目资本金约××亿元，而现在项目资本金尚有很大资金缺口，如不能得到解决，势必会影响贷款的及时提取使用，增加财务成本。

（四）内部运行机制尚待完善。公司的内部管理制度尚不完善，激励、约束机制尚未建立，中长期发展战略尚未制定，这些问题将影响和制约公司长期可持续发展。

新的一年即将来临，让我们振奋精神，坚定信心，以奋发有为的良好精神状态和扎扎实实的工作作风，正视、克服公司起步阶段面临的诸多困难，理清工作思路，推进项目建设，强化资金管理，完善运行机制，提高竞争实力，为全面出色完成工作目标而努力奋斗。

20××年12月31日

【例文评析】这是一篇综合性总结，前言简要概述情况，主体部分对“主要工作”“存在的问题”进行回顾，既全面具体，又突出重点，以条款的形式将复杂的内容梳理得井然有序。结尾表明对今后工作的态度和决心，给人以信心。

例文2

××公司营销部××专项营销活动总结

为提高我公司××产品的知名度和曝光度，促进销售增长，我部于20××年×月实施了名为××活动的专项营销活动。现将有关情况总结如下：

一、活动目标与总体效果

本次营销活动的目标是通过社交媒体推广我公司的产品并增加销售额。通过活动，我们成功地提高了产品的知名度和曝光度，实现了销售额的显著增长。活动达到了预期目标。

二、活动措施

在本次活动中，我们采取了以下措施：

1. 发布社交媒体广告。我们在 ×× 等媒体集中投放了 × 期针对公司 ×× 产品的广告，通过精准定位目标受众，确保广告的传播效果。

2. 开展知识竞答。在 ×× 等社交媒体上，我们举办了一场关于公司 ×× 产品的知识竞答，通过客户分享和参与竞答提高产品的曝光度和客户参与度。

3. 开展合作伙伴推广。我们与相关行业的 ××、×× 等合作伙伴合作，通过联合开展推广活动提高产品的曝光度，拓宽销售渠道。

4. 开展内容营销。我们在 ××、××、×× 等多家媒体上发布了一系列关于公司 ×× 产品的文章和视频，通过提供有价值的信息吸引潜在客户。

三、活动成果

通过精心策划的广告和推广内容，公司在社交媒体上吸引了大量的关注。公司广告的曝光量和点击量均实现了显著增长，客户参与和反馈也十分积极。总体来说，社交媒体推广效果非常理想。

通过本次活动，公司销售额同比增长 ×× 万元，实现了显著增长。客户对公司产品的认可度进一步提高。

四、获得的经验

1. 提高客户参与度可以增强营销活动效果。本次活动成功地吸引了大量客户的关注和参与，促进了活动目标的实现。

2. 充分利用社交媒体可以提高营销活动效率。本次活动中，我们在社交媒体上进行了精心的策划，从而吸引了大量的关注，比传统宣传推广方式大大提高了效率。

五、存在的不足

1. 活动持续时间较短。由于活动筹备时间有限，所以活动时间相对较短，可能无法覆盖更广泛的受众群体。

2. 推广内容不够丰富。在推广内容方面，虽然我们采取了一些有价值的措施，但总体来看内容还需要进一步拓展。

六、未来活动建议

为继续优化营销策略和服务质量，吸引更多的客户关注和支持，建议公司在今后的活动中采取以下措施：

1. 提高客户参与度和反馈积极性。建议充分关注客户的痛点和需求，提高客户参与度和反馈的积极性，以提升活动效果。

2. 加强对社交媒体的利用。建议进一步加强与社交媒体的合作，利用精心的广告策划吸引更多的关注。

未来，我们将继续秉承以客户为中心的理念，时刻关注市场变化和技术发展，不断创新营销手段，提升公司的品牌形象和市场竞争力，促进公司的发展。

××公司营销部

20××年12月20日

【例文评析】这是一篇专题性总结。总结分六个方面阐述了某一专题活动的措施、成果、经验、不足、建议等，层次清晰，内容全面，重点突出，将相关活动的全貌很好地展现了出来。

思考与练习

1. 请结合自身实际撰写一份上学期的综合性总结或专题性总结，要求格式规范、条理清晰。

2. 请结合最近参加过的一次课外活动撰写一份总结，要求概括该活动的基本情况、自己的主要收获和经验以及存在的不足。

第三节 规章制度

一、规章制度文体概述

（一）规章制度的含义

规章制度是机关、团体、企事业单位为实施管理、开展工作，依照国家法律、法规和政策制定的，对一定范围内有关工作、活动及人员的行为作出规范要求并具有约束力的文件。

规章制度的应用范围非常广泛，在各类组织中均有使用。合理、科学、严谨的各类规章制度对于保证生产、经营、管理等工作的顺利开展，规范人员的行为，加强科学化的管理有极为重要的指导作用，也是衡量组织管理水平的重要尺度。

（二）规章制度的特点

1. 规范性

规章制度在内容上具有规范性，应当遵守法律法规。其制定、颁布、修改、废止也应严格按有关程序的规定进行。

2. 权威性

规章制度作为行为准则、办事依据，具有权威性。不经过规定程序，任何部门和人员不得随意更改和废止既定的规章制度。

3. 强制性

规章制度的规定具有强制性，适用范围内的有关单位、部门、人员都应遵照执行。

二、规章制度的类型

（一）章程

章程是各类组织对本组织的性质、宗旨、任务、活动范围、组织原则、成员条件与权利义务、机构设置、职权范围、活动规则、纪律措施等作出规范要求的文书。章程需要由组织代表大会讨论通过，它是经特定程序制定的一种根本性的规章制度。

（二）细则

细则也称实施细则，是各级单位或部门为使下级单位或人员更好地贯彻执行某一法令、条例、规定，结合实际情况所做的详细、具体的解释和补充。

（三）规定

规定是各级机关、团体、企事业单位对特定范围内的工作和行为提出具体的约束性意见或措施的文书。

（四）办法

办法是各级机关、团体、企事业单位对有关法令、条例、规章或针对某项工作的具体方法、步骤、措施等作出具体规定的法规性文件。

（五）岗位职责

岗位职责是对某一具体岗位的工作内容、要求进行明确说明的文件，有助于该岗位的工作人员了解自己的工作任务，也是进行岗位考核的依据。

三、规章制度的结构与写作方法

（一）标题

规章制度的标题通常由制定和发布规章制度的单位名称（或施行范围、适用对象）、事由、文种组成。规章制度的文种可根据行文目的恰当地运用章程、细则等名称。制定发布单位名称、施行范围、适用对象可以根据实际情况省略，如“××公司质量管理条例”这一标题就省略了施行范围。

规章制度如果是暂行或试行的，应当在标题中注明“暂行”或“试行”字样，如“××公司财务管理试行办法”，也可以在标题后面加圆括号注明，如“××公司财务管理办法（试行）”。

（二）题注

题注的内容一般是该规章制度制定发布单位名称、会议名称、会议讨论通过时间。题注在标题之下用圆括号标注。如：

××公司财务管理试行办法

（20××年12月10日经理办公会通过）

（三）正文

1. 内容

不同类型的规章制度在内容上存在较大差异。有些规章制度由相关的主管部门提供规范文本，使用者需要根据规范文本的要求填入相关的具体信息。更多的规章制度需要制定单位撰写内容。

规章制度的内容需要建立在对所涉及工作或事务的透彻分析基础之上，广泛、深入调查，认真分析研究，避免偏颇疏漏，这样才能保证规章制度内容全面与科学。

规章制度的内容一般包括允许条款和禁止条款。允许条款说明了可以做什么，怎样做；禁止条款说明了不能做什么，如有违反将怎样处理。规章制度的内容还要与法律法规、方针政策保持一致，做到合法、合规。

规章制度的内容应当直接提出，至于“为什么”则不必说明，不摆事实，不谈道理，一切都直接说明，这样才便于执行。

2. 结构

规章制度的正文结构一般有章条式和条款式两种形式。

（1）章条式

章条式即将内容分章和条两级，章下设条。一般第一章是总则，中间各章内容是分则，最后一章是附则。

总则一般写明制定规章制度的依据、目的、宗旨、背景、基本原则、意义、适用范围等。分则指接在总则后的具体内容，通常按事物的逻辑顺序或按工作程序分条列项，表明规定、要求、过程、构成、奖罚等具体内容。附则说明规章制度制定权、修订权、解释权的归属，与其他相关规章制度的关系，施行日期等。

（2）条款式

条款式即内容只分条目，没有章，它适用于内容比较简单的规章制度。一般开头条款说明制定规章制度的目的、依据及规章制度的适用范围等，主体部分分条列出具体内容，第一条相当于总则，最后一条相当于附则。

不论采用何种形式，都需要对“章”“条”编排序号。章的序号全篇统一，章下的条款应承接上一章的条款编号，这样全篇每一条款都有唯一的序号。如本节例文 1 中，第一章包含两条，第二章就从第三条开始编号。

四、规章制度例文评析

例文 1

××××有限责任公司章程

第一章　总则

第一条　依据《中华人民共和国公司法》（以下简称《公司法》）及有关法律、法规的规定，设立××××有限责任公司（以下简称公司），特制定本章程。

第二条　本章程中的各项条款与法律、法规、规章不符的，以法律、法规、规章的规定为准。

第二章　公司名称和住所

第三条　公司名称：××××。

第四条　公司住所：××××。

第三章　公司经营范围

第五条　公司经营范围：××××（以上范围以工商部门核定的为准）。

第四章　公司注册资本与股东

第六条　公司注册资本实行认缴制，公司认缴注册资本为××××万元，股东按期足额缴纳本章程中规定的各自所认缴的出资额。公司成立后，向股东签发出资证明书。出资证明书载明公司名称、公司成立日期、公司注册资本、股东姓名或者名称、股东缴纳出资额和出资日期、出资证明书编号及核发日期，并由公司盖章。出资证明书遗失的，应立即向公司申报注销，经公司法定代表人审核后予以补发。公司应置备股东名册，记载股东的姓名或名称、住所、出资额及出资证明书编号等内容。

第七条　股东姓名（名称）、身份证号、认缴注册资本金额、出资期限、出资方式一览表（下文略）。

第五章　公司的机构及其产生办法、职权、议事规则

第八条　股东会由全体股东组成，是公司的权力机构，行使下列职权：

（一）决定公司的经营方针和投资计划；

（二）选举和更换非由职工代表担任的董事、监事，决定有关董事、监事的报酬事项；

（三）审议批准执行董事的报告；

（四）审议批准监事的报告；

（五）审议批准公司的年度财务预算方案、决算方案；

（六）审议批准公司的利润分配方案和弥补亏损方案；

（七）对公司增加或者减少注册资本作出决议；

（八）对发行公司债券作出决议；

（九）对公司合并、分立、解散、清算或者变更公司形式等事项作出决议；

（十）修改公司章程；

（十一）公司章程规定的其他职权。

第九条　股东会的首次会议由出资最多的股东召集和主持。

第十条　股东会会议由股东按照出资比例行使表决权。

第十一条　股东会会议分为定期会议和临时会议。

召开股东会会议，应当于会议召开十五日以前通知全体股东。

定期会议按季度定时召开一次。监事及代表十分之一以上表决权的股东提议召开临时会议的，应当召开临时会议。

股东可以出席股东会会议，也可书面委托他人参加股东会会议，受托人可以行使委托书中载明的权利。

第十二条　股东会会议由执行董事召集并主持；执行董事不能履行或者不履行召集股东会会议职责的，由监事召集和主持；监事不召集和主持的，代表十分之一以上表决权的股东可以自行召集和主持。

第十三条　股东会会议作出修改公司章程、增加或者减少注册资本以及公司合并、分立、解散或者变更公司形式的决议，必须经代表三分之二以上表决权的股东通过。

第十四条　公司不设董事会，设执行董事一人，由股东选举产生。执行董事任期每届三年，任期届满可连选连任。执行董事在任期届满前，股东会不得无故解除其职务。

第十五条　执行董事对股东会负责，行使下列职权：（下文略）

第十六条　公司可设经理，由股东会聘任或解聘。经理对股东会负责，行使下列职权：

（一）主持公司的生产经营管理工作；

（二）组织实施公司年度经营计划和投资方案；

（三）拟订公司内部管理机构设置方案；

（四）拟订公司的基本管理制度；

（五）制定公司的具体规章；

（六）提请聘任或者解聘公司副经理、财务负责人；

（七）决定聘任或者解聘除应由股东会决定聘任或者解聘以外的负责管理人员；

（八）列席股东会会议；

（九）股东会授予的其他职权。

第十七条　公司不设监事会，设监事一人，由公司股东会选举产生。监事对股东会负责，监事任期每届三年，任期届满可连选连任。

第十八条　监事行使下列职权：（下文略）

第六章　公司法定代表人

第十九条　公司的法定代表人由执行董事担任。

第二十条　法定代表人行使以下职权：

（一）召集和主持股东会会议；

（二）检查股东会会议决议的落实情况，并向股东会报告；

（三）代表公司签署有关文件；

（四）在发生战争、特大自然灾害等紧急情况下，对公司事务行使特别裁决权和处置权，但这类裁决权和处置权须符合公司利益，并在事后向股东会报告；

（五）公司章程规定的其他职权。

第七章　股东会会议认为需要规定的其他事项（下文略）

第八章　附则（下文略）

全体股东签名：

××××年××月××日

【例文评析】这是一份公司章程。公司章程一般应由股东会、股东大会讨论通过。本章程依据有关法律法规，对公司的经营范围、组织机构等逐一作出规范要求，内容全面细致、规范严谨。

例文 2

××公司员工辞职管理办法

第一章　总则

第一条　为保证公司人员相对稳定，维护正常人才流动秩序，特制定本办法。

第二章　辞职程序

第二条　员工应提前 30 日以书面形式向其主管及总经理提出辞职请求。

第三条　员工主管与辞职员工积极沟通，对绩效良好的员工努力挽留，探讨改善其工作环境、条件和待遇的可能性。

第四条　辞职员工填写辞职申请表，经各级领导审批。

第五条　员工辞职申请获准，则办理离职移交手续。公司应安排其他人员接替其工作。

第六条　在所有必需的离职手续办妥后，辞职员工到财务部领取工资。

第七条　公司可出具辞职人员在公司的工作履历和绩效证明。

第三章　离职谈话

第八条　员工辞职时，该部门经理与辞职者进行谈话。如有必要，可请其他人员协助。谈话主要包括下列内容：

1. 审查员工劳动合同；

2. 审查员工离职时所携带文件、资料的所有权；

3. 审查员工对公司秘密的了解程度；

4. 审查员工所负责工作的进度；

5. 阐明公司和员工的权利和义务。

部门经理记录离职谈话内容，谈话记录由双方共同签字（1 式 2 份），并分存公司和员工档案。

第九条　员工辞职时，人事经理应与辞职员工进行谈话，谈话主要包括下列内容：

1. 审查员工的福利状况；

2. 回答员工的问题；

3. 征求员工对公司的意见及建议。

人事经理记录离职谈话内容，谈话记录由双方共同签字（1 式 2 份），并分存公司和员工档案。

第十条　若辞职员工因故不能亲自到公司会谈，应通过电话交谈。

第四章　辞职手续

第十一条　辞职员工应移交以下物品：

1. 公司的文件资料、计算机及相关存储介质；

2. 公司的项目资料；

3. 价值 40 元以上的公司办公用品；

4. 员工的工作证、名片、办公钥匙；

5. 公司分配给员工使用的车辆、住房；

6. 其他属于公司的财物。

第十二条　辞职员工到财务部门清算领借款。

第十三条　辞职员工到人事等部门办理人事关系、档案、党团关系、社会保险关系转移手续。

第十四条　辞职员工若到竞争对手公司就职，应第一时间要求辞职员工交出其使用、掌握的公司专有资料。

第十五条　辞职员工不能亲自办理离职手续时，应寄回有关公司物品，或请人代理交接工作。

第五章　工资福利结算

第十六条　辞职员工领取工资、享受福利待遇的截止日为正式离职日期。

第十七条　辞职员工结算款项如下：

1. 工资；

2. 应付未付的奖金；

3. 辞职补偿金（按国家规定，辞职补偿金按员工在本公司工作的年限计算，每满 1 年支付 1 个月的本人工资，最多不超过 24 个月）；

4. 公司拖欠员工的其他款项，但须扣除以下项目：

（1）员工拖欠未付的公司借款、罚金；

（2）员工对公司应付而未付的赔偿金、抵押金；

（3）员工承诺培训服务期未满的补偿费用。

5. 如应扣除费用大于支付给员工的费用，则应在收回全部费用后才予办理辞职手续。

第六章　附则

第十八条　员工辞职工作以保密方式处理，并保持工作连贯、顺利进行。

第十九条　辞职手续办理完毕后，辞职员工即与公司解除劳动关系。公司不受理辞职员工 3 个月内提出的复职要求。

第二十条　本办法由公司办公室主任解释、补充，经公司总经理批准后颁布实施。

××××有限公司

××××年××月××日

【例文评析】“办法”是规章制度中的一种常用形式，主要是针对某项工作或某一方面活动的具体方法、步骤、措施等作出的规定，是为加强管理而实行的有效举措。本办法是针对公司员工辞职而制定的，全文采用章条形式，总则说明办法制定的目的，分则就员工辞职中的具体事项逐一加以规定，内容明确具体，结构清晰。

例文 3

财务部部长岗位职责

1. 主持财务部的工作，领导财务人员落实岗位职责，切实完成各项财务业务工作。

2. 执行总经理和总会计师有关财务工作的决定，控制和降低公司的经营成本，审核监督资金的使用及经营效益，按月、季、年向总会计师、总经理、董事会提交财务分析报告。

3. 筹划经营资金，负责公司资金使用计划的审批、报批和银行借款、还款工作。

4. 定期或不定期地组织财务人员对下属企业进行财务检查，监督下属企业执行财经纪律和规章制度。

5. 协助总会计师编制各种财务报表，主持公司的财产清查工作。

6. 参与公司新项目、重大投资、重要经济合同的可行性研究。

【例文评析】岗位职责是规章制度的一种类型，主要是对某一特定岗位的工作内容与要求作出的明确说明。该例文对财务部部长这一部门领导岗位的具体工作内容与要求进行了详细说明，内容明确具体，采用条款式结构，层次清晰。

思考与练习

1. 华信公司为加强公车管理，杜绝公车私用，拟制定一则公车使用规定。该规定将明确其适用范围、公车使用审批程序、违规私用公车的处理办法、公车的维修与养护等，规定拟于 20×× 年 1 月 1 日起执行。请根据上述材料写一份格式规范、条理清晰的规定。

2. 请根据自己掌握的相关知识，起草一份商业企业出纳岗位职责。

第四节　启　　事

一、启事文体概述

（一）启事的含义

“启”即告知、陈述，启事的字面意思就是陈述事情、告知事项。作为一种文体，启事是单位或个人向公众（或不特定的对象）说明某事项，或请求公众协助办理、参与某事项的一种应用文。

在日常生活中，“启事”经常被错误地写作“启示”。“启事”是文体名称，一般不作他用。“启示”既是动词，也是名词，不可作为文体名称。

（二）启事的特点

1. 公开性

启事的行文对象是社会公众，所采用的发布渠道往往是张贴的布告或大众媒体，其内容没有秘密性。

2. 求应性

启事的发布目的是寻求公众的帮助或回应，期望公众的参与，因此没有强制性和约束力，而是带有请求或恳求的意味。

3. 简要性

启事的篇幅一般比较简短，语言简洁，将主要事实或要求准确说明即可，不需要深入论述和详尽描述。

二、启事的类型

（一）寻找类启事

寻找类启事是发布者因丢失物品或因有人走失、下落不明而写的启事，意在请求公众给予协助或帮助，常见的有寻人启事、寻物启事等。

（二）告知类启事

告知类启事是发布者需要向社会说明某一事务，希望引起公众的注意、参与而写的启事，常见的有开业启事、停业启事、迁址启事、更名启事等。

（三）征招类启事

征招类启事是发布者为了完成某一件事，请求别人协助、支持时所发布的启事，如招聘启事、招领启事、征集启事、征文启事、征婚启事、征订启事等。

三、启事的结构与写作方法

（一）标题

完整式标题由发布者、事项和文种构成，如“××公司招聘启事”。省略式标题由事项和文种构成，如“招聘启事”，或者只写文种，仅用“启事”二字作标题。

（二）正文

正文主要包括发文目的、具体事项及联系方式等内容。不同类型的启事，正文内容的侧重也有所不同。

1. 寻找类启事

寻找类启事的正文首先要写明所寻找或招领的物或人的具体特征，其次要写明丢失（或走失）及捡到（或收留）的时间和地点，然后要写明寻找或招领的单位名称及详细地址、联系电话，最后要写表示感谢、酬谢的内容或希望失主尽快领取的内容。

2. 告知类启事

告知类启事的正文一般包括告知的缘由、告知的具体事项、联系方式等内容。

例如，庆典启事需要在告知的缘由部分写明举办庆典的缘由，在具体事项部分写明庆典活动总体安排（包括时间、地点、组织接待、内容、参加者等），其他有关事项及要求，以及欢迎参加庆典活动的结束语。开业启事需要写明组织机构成立的缘由、依据、批准部门，以及组织机构的成立时间、性质、工作范围等，然后写明对有关单位和个人的希望及要求，联系方式要写明单位的地址、邮编、联系人、联系电话等内容。

3. 征招类启事

（1）征招缘由

这部分内容要说明征招的目的、意义和依据，可以使用“为了”引出目的，用“依据”引出依据，并介绍征招单位和部门的基本情况，有时还要说明工作的性质。

（2）征招条件

这部分内容要写明征招的具体条件。例如，招聘启事应写明对年龄、性别、学历、专业、技能、身高、容貌、户籍、工作经验等的相关要求。如果是征文，应写明征文对象、内容、形式和要求等。

（3）征招办法及起止时间

这部分内容要写明征招的具体办法和过程，如时间、应征方法与要求等。

（4）联系方式

征招类启事的联系信息尤为重要，一定要写明联系地址、电话、电子邮箱、联系人等，以确保可以联系。

（三）落款与成文日期

落款即发布者名称，如标题中已说明，则此处可省略。成文日期一般以启事发布日期为准，年、月、日要齐全。

四、启事例文评析

例文 1

寻物启事

本人于20×× 年 3 月 6 日上午 9 点在 ×× 广场附近丢失一个棕色软皮手包，内有 ×× 公司财务报表（共 5 页）、大众汽车钥匙 1 把、名片等物品。请拾获者送至警方或与本人联系，必有重谢！

联系人：×××　　联系电话：×××××××

20×× 年 3 月 7 日

【例文评析】这是一份寻找类启事，着重写所寻对象的主要特征、种类、数量以及遗失时间、遗失地点、联系方式。全文简洁清晰。

例文 2

迁址启事

因业务需要，×× 公司办公地址将于 20×× 年 4 月 1 日由原天地大厦迁至胜达贸易城。请相关单位到新办公地址联系工作。

具体地址：×× 省 ×× 市 ×× 路 ×× 号胜达贸易城 A 区 × 号

联系电话：××××××××

×× 公司

20×× 年 3 月 20 日

【例文评析】这是一份告知类启事，内容侧重于向公众告知，并希望引起注意。

例文 3

招聘启事

××集团是国有大型企业，集团所属五星级××宾馆设施完备，拥有一流的写字楼、客房、中西餐厅、娱乐休闲中心和综合商场。为了适应集团业务发展的需要，宾馆决定面向社会招聘男女工作人员各50名。

一、招收条件：凡本市户口，年龄在18周岁以上、22周岁以下，高中以上学历，男性身高170厘米以上，女性身高160厘米以上，身体健康，五官端正的男女青年均可报名（会英语者优先）。

二、报名资料：本人身份证、毕业证及近期免冠照（2寸）两张。

三、报名时间：20××年4月5日至15日。

四、报名地点：××省××市××路10号××宾馆人事部。

五、录取办法：报名现场进行面试，择优录取。

六、工资待遇：试用期2个月，试用期月工资2 800元。正式入职后签订两年劳动合同，底薪每月3 000元，加绩效工资，企业缴纳“五险一金”。

联系人：张先生　　　　联系电话：××××××××

××宾馆

20××年4月2日

【例文评析】这是一份招聘启事，首先交代了招聘单位的具体情况，然后交代了招聘的基本条件（包括性别、年龄、学历、身高等），最后交代了应聘报名的基本方法和联系方式等内容，有意应聘者能够从中获取主要信息。

思考与练习

1.《××报》为了及时反映百姓理财中出现的经验和教训，特面向全体读者征文，内容范围为家庭理财的途径、方式、收获等，字数限3 000字以内。请你代该报编辑部撰写一份征文启事，要求明确说明征文意义、内容及要求，也可自行补充其他相关信息。

2. 根据以下材料写一则启事，内容可合理增删。

王××于20××年3月3日上午10点左右，在××商厦丢失钱包，其中有身份证、医保卡和现金若干。王××急需把身份证、医保卡找回，愿意以钱包中的现金作为酬谢。

第五节 简　报

一、简报文体概述

（一）简报的含义

简报是各类组织机构中用于反映情况、汇报工作、交流经验、沟通信息的一种内部常用事务性文书。

上级可以利用简报及时迅速地了解日常工作、业务活动，有效指导工作；下级可以利用简报通报有关情况，及时传达上级精神；平级部门可以利用简报交流经验，沟通情况。

（二）简报的特点

1. 内容新颖

简报的内容新，反映的是新情况、新动向、新经验、新见解、新趋势。

2. 内容真实

简报的内容都是客观事实，时间、地点、人物、数字、事件等都是准确无误的，不允许虚构和编造。

3. 文字简练

简报语言简练，篇幅简短，字数一般不超过 2 000 字。

二、简报的类型

（一）工作简报

工作简报是反映组织机构各方面工作或某一项工作的开展情况、得到的经验、出现的问题的简报。工作简报一般分为综合性简报与专题性简报。

（二）会议简报

会议简报是反映大中型会议的进展情况、会议讨论的信息、大会决议事项等内容的简报，是会议召开期间编发的简报，如“×× 会议简报”。

（三）动态简报

动态简报是反映组织机构某方面工作的新动向、新情况的简报，如“学术动态”。

三、简报的结构与写作方法

（一）报头

报头在首页的上方，约占首页 1/3 版面，由简报名称、期号、编制单位、印发日期组成。

1. 简报名称

简报名称应处于居中位置，如“×× 简报”“×× 动态”“情况反映”“情况简报”等。

2. 期号

期号标在简报名称的正下方，先标“第 × 期”，再标“总第 × 期”。

3. 编制单位

在期号的左下方顶格书写编制单位的名称，如“×× 局办公室”。

4. 印发日期

在编制单位名称的右侧顶格书写印发的年、月、日，如“20×× 年 5 月 4 日”。

在编制单位和印发日期之下用通栏间隔线将报头与报核隔开。

（二）报核

报核是简报的主要部分，有按语、目录、标题、正文四项内容。

1. 按语

按语是简报编制者对简报内容的说明或批注，特别是转发性的简报，用按语说明转发的目的。有些简报可不写按语。按语的位置在通栏间隔线的下方，目录的上方。

2. 目录

目录列示简报各篇文章标题。如果简报只有一篇文章，则不用标注目录。目录的位置在按语下方，居中标注“目录”二字。

3. 标题

标题用简明、准确、醒目、生动的语言概括出简报文章的内容，其形式比较灵活，可以用一句精练的语言概括简报文章的内容或揭示主旨，也可以在正标题前面加引题，或在正标题后面配副标题。

4. 正文

简报文章的正文由导语、主体、结尾三部分组成。

（1）导语

导语是简报文章的开头，简明扼要地概括出全文的中心内容或主要事实，以引起读者的注意。

（2）主体

主体是简报文章的主要部分，紧扣主题，紧接导语，用典型、有说服力的材料对报道的事实作具体、全面的叙述和进一步的说明。

（3）结尾

简报文章的结尾可以自然收束，也可以总结全文，还可以提出希望，指出发展态势。内容单一、篇幅短小的简报文章可以不写结尾。

（三）报尾

报尾有简报发送范围和印制数量两项内容。报尾的位置在简报最后一页的末端，上下各有 1 条通栏线，与报核隔开。

四、简报例文评析

例文

财务工作简报

第 2 期（总第 14 期）

×× 学院财务处编　　　　　　　　20×× 年 9 月 12 日

目录

- 财务报销环境改善
- 学费收缴工作全面展开
- 20×× 年度各部门预算编制工作开始
- 市教委布置 20×× 年度市级教育专项资金预算编制工作

财务报销环境改善

从本学期开始，大部分行政部门搬迁到新址办公。为方便二级学院办理财务报销业务，经请示主管校领导同意，财务处结算服务中心仍留在二级学院比较集中的行政楼原址办公。为提高财务服务水平，财务处利用暑期对结算服务中心环境进行了改造升级，扩大工作区域，靠墙安放休息座椅，在报销柜台安放高脚椅，拆除室内封闭隔断，将财务报销流程和各项主要经费报销规定制成图板上墙，使报销工作公开、透明。从今年8月开始，《财务工作简报》除发往各部门邮箱、上网公布外，还打印上百份，放在财务报销柜台，方便广大教师取阅。此外，我处与网络中心正在研究建立报销预约系统。

学费收缴工作全面展开

九月和十月是新老学生缴费比较集中的月份，原则上新老学生9月底前要全部缴纳全年学费，有特殊情况的学生需要二级学院、学生处出具证明。我处收费工作压力较大，既要保证日常各项工作的开展，又要加大学费收缴力度。学费收缴工作得到了校领导以及教务处（招办）、学生处、各二级学院等部门的大力支持，特别是二级学院书记、院长、辅导员，广泛深入地宣传学校学费规定，主动了解学生情况，积极与我处沟通，使学生学费的收缴工作能够顺利进行。希望在各部门的努力下，今年学费能够足额、及时收缴，保证学校下半年各项工作的顺利开展。（下文略）

发送范围：全校各部门　　　　印制数量：80份

【例文评析】这是一份由业务部门编制的工作简报，主要内容是学校财务工作。简报的报头、报核和报尾完整。简报主体由多篇文章构成，设计有目录便于阅读。文章内容精练，篇幅简短，有助于阅读者获知信息要点。

思考与练习

1. 根据以下材料写一篇会议简报，可在内容上合理增删。

××集团于20××年1月10日—12日召开20××年度财务工作会议。出席会议的有各子公司总会计师、财务科长、决算人员、审计人员及各指挥部办事处财务主管等130余人。集团总会计师×××作重要讲话，从树立新的财务理念、完善成本管理机制、加强财会队伍建设等十个方面作出重要指示。集团副总会计师、财会部部长××总结了20××年度集团财务工作情况，对20×× 年度财务工作作出了安排布置，提出了工作要点。

2. 请以小组为单位，为校、系、班的某次会议编写会议简报。

第六节 消 息

一、消息文体概述

（一）消息的含义

消息是新闻报道中最常用的一种文体。广义的新闻是消息、通讯、特写、专访等诸种新闻体裁的总称，狭义的新闻专指消息。消息是对新近发生或发现的、重要的、有意义的、能引起人们广泛兴趣的事实迅速及时的简短报道。因其使用频率高、使用面广，故经常被称为新闻。

消息能迅速将具有新闻价值的事件进行传播，便于读者及时了解事件的发生与进展情况。

（二）消息的特点

1. 真实客观

消息应完全真实地反映客观事实，无论是构成消息要素的时间、地点、人物、事件和结果，还是所引用的背景材料、数字，都必须完全真实、准确可靠。

2. 新颖独到

消息所报道的事件为新近发生的，讲求时效性。同时事件本身具有新颖的特征，往往能够体现出一些前所未有的新鲜感，能够带给人新的资讯和见解。

3. 概括简约

消息要用较小的篇幅、简练的文字来叙述事实、传递信息，所反映的内容往往侧重于事情的概貌而不讲述详细的经过和细节。

二、消息的类型

（一）动态消息

动态消息是及时反映现实生活中新近发生的、变动的事实，对新事物、新情况、新成就、新问题、新气象、新动向等进行简明扼要的报道。

（二）综合消息

综合消息是综合反映全局情况的消息。它一般围绕一个中心，集中对带有全局性的新情况、新成就、新动向、新问题加以综合报道。内容上通常是“一地多事”或“多地一事”，即紧扣一个中心，把一个地区、一个单位的若干事实或不同地区、不同单位的若干事实集中起来，进行概括报道。

三、消息的结构与写作方法

（一）标题

1. 单行标题

单行标题只有一行正标题，大多数消息采用这种形式的标题。正标题是标题的骨干和核心，高度概括消息的中心内容。

2. 多行标题

消息可以根据需要采用两行或三行标题。两行标题一般由正标题和副标题（或正标题和引题）构成。引题一般用来交代背景，说明原因，烘托气氛，解释意义。副标题一般用来补充、注释、说明、印证主题。例如：

全国人大常委会对《公司法》等七部法律作出修改（引题）

没有注册资本也可开办公司（正题）

三行标题由引题、正标题、副标题组成，具有重大新闻价值的消息往往采用三行标题的形式。例如：

多地暴雨灾情（引题）

中国 ×× 累计接到 3 万起报案 预估理赔金额超 6 亿（正题）

理赔工作正有序展开（副题）

（二）消息头

消息头是版权所有的标志，也可标明消息的来源，如“本报讯”“本台消息”“×× 社 ×× 地 × 月 × 日电”等。

（三）导语

导语是一篇消息的第一自然段或第一句话，用简明生动的文字写出消息中最主要、最新鲜的事实，鲜明地揭示消息的主题思想。导语及后面的主体内容需要写明消息的六要素，即“who（何人）”“what（何事）”“when（何时）”“where（何地）”“why（为何）”“how（怎么样）”。例如：

昨日清晨5时许，京港澳高速株洲段一辆装运摩托车的货车突然起火。大火中，168台摩托车变成了一堆废铁。

（四）主体

主体是消息的主干部分，是用事实对导语作进一步的具体阐述。主体部分按时间顺序或逻辑顺序写作，但仍然要先写主要的，再写次要的。

1. 纵式结构

纵式结构按照事件发生的时间顺序安排层次，是消息主体展开常用的结构形式。

2. 横式结构

横式结构按空间转换顺序或逻辑顺序安排层次。主体各部分之间可以是因果关系、递进关系、并列关系，也可以是主从关系、对比关系等。

（五）背景材料

可以根据需要在消息的最后补充相关的背景材料。背景材料也称新闻背景，是对有关新闻事件的历史、环境和原因等方面进行解释说明的材料。例如，本节例文1中的最后一个自然段即包含了背景材料。

四、消息例文评析

例文1

2023年7月电商物流指数为110.9点 保持连续上升态势

中国物流与采购联合会和京东集团联合发布的2023年7月中国电商物流指数为110.9点，比上月小幅提高0.3个点。分项指数中，物流时效指数、履约率指数、满意率指数、人员指数和成本指数继续保持回升，库存周转指数和实载率指数有所回落，总业务量、农村业务量增速有所放缓，但仍保持20%以上增长。

电商物流总业务量有所回调。7月份，电商物流总业务量指数为121.8点，比上月回落0.8个点。分地区来看，全国各地区总业务量指数均有所回落，中部地区回落幅度较大。

农村电商物流业务量小幅回落。7月份，农村电商物流业务量指数为127.8点，比上月下降0.6个点。分地区来看，西部和东北部地区指数上涨，中部和东部地区指数回落。

履约率指数连续上涨。7月份，履约率指数环比上涨0.5个点，涨幅与上月保持一致，实现连续7个月回升，电商物流企业供给能力持续增强。

满意率指数突破百点。7月份，满意率指数为101.2点，较上月大幅提高1.5个点，结束了自2020年以来一直在100点以下运行的态势。

物流时效指数、人员指数再创新高。7月份，物流时效指数较上月提高0.3个点，连续7个月保持上升，为近两年新高。人员指数较上月提高1.4个点，是自2019年1月之后，首次突破110点的高位。

受益于供给端各项指数稳步上涨，电商物流总指数较上月提高0.3个点，保持连续上升态势。7月份供给端各项指数表现良好，物流时效指数、满意率指数、履约率指数和人员指数连续回升。其中，满意率指数时隔43个月重回100点以上。物流时效指数、人员指数创出近两年新高。成本指数本月提升0.2个点，达到124.4点，涨幅虽有所回落，但本月创出自指数发布以来的新高，企业运营成本压力依然较大。7月份，随着前期电商购物促销活动结束，反映需求的电商物流总业务量指数和农村电商物流业务量指数小幅回落，但需求潜力仍然较大、增速动能较强，分别保持20%和25%以上的高速增长。国家统计局数据显示上半年全国实物商品网上零售额为6.1万亿元，同比增长10.8%，占社会消费品零售总额的比重为26.6%，电商物流需求稳步上升的态势没有改变。后期来看，随着下半年各项促消费政策的逐步发力，电商物流指数将继续保持增长态势。

【例文评析】这是一则动态消息，主要内容是某一时间中国电商物流指数的新变化。标题直接揭示了全文主题，导语以关键数据说明了总体情况，主体部分从多个角度详细介绍了不同领域的数据以及其意义和趋势，最后一段继续补充介绍相关数据，同时引入背景材料和对未来趋势的预测，有助于读者了解整体情况。

例文2

××银行××分行：直播带货助力农产品“出圈”

3月26日至30日，××银行××分行在××市××城开展“宾至·二周年”乡村振兴直播活动，以直播带货带动本地名优特产畅销，助力乡村振兴。今年是该行成立两周年，周年庆期间共开展5场直播，观看人数累计8 871人，点赞人数突破 13 万人，累计销售 13 170 元。

“今天第一个美食是红薯干，别的红薯干是烘干的，它是烤干的，吃起来有柴火的香味，红薯干买起来！”直播中，××银行××分行带货主播热情介绍名优产品，推介美食。同时，直播期间还开启秒杀团购活动，通过弹幕互动，随机选取幸运观众进行回馈。

活动期间，××银行线上网购平台“天天开心团”售卖多种土特产品，不收取商户、农户手续费，为农产品打造免费的外销渠道。

据悉，2023 年以来，××银行××分行线上开团 62 期，累计 2 000 余人次参与购买，助力农产品销售 5 万余元。

【例文评析】这是一篇动态消息，主要内容是报道某银行的直播带货助农活动，具有较强的时效性。标题点明了报道对象，用“出圈”这一网络词汇增强标题吸引力。导语介绍了活动的原因，尤其说明了成果，突显了该工作的社会意义。主体两个自然段分别介绍了活动的典型场景、过程和产品，能够使读者对事件的了解更加深入具体。结尾部分补充介绍了相关背景情况，展现了工作的全貌。该文具有一定新闻价值，结构比较完整，语言简洁，内容清楚。

思考与练习

1. 通过互联网或报纸等媒体查找一则财经消息，运用所学知识对其进行分析。
2. 观察、捕捉身边有新闻价值的事件，写一则动态消息。

第四章 财经专业应用文

学习目标

◎ 了解商务信函、调查问卷、市场调查报告、招标文书、投标书、意向书、协议书、合同、广告文案、营销策划书等文体的含义、特点。

◎ 了解商务信函、调查问卷、市场调查报告、招标文书、投标书、意向书、协议书、合同、广告文案、营销策划书等文体的类型。

◎ 掌握商务信函、调查问卷、市场调查报告、招标文书、投标书、意向书、协议书、合同、广告文案、营销策划书等文体的写作方法与要求。

◎ 能够撰写常见类型的商务信函、调查问卷、市场调查报告、招标文书、投标书、意向书、协议书、合同、广告文案、营销策划书。

第一节 商务信函

一、商务信函文体概述

（一）商务信函的含义

商务信函简称商函，是在商务活动中联系业务、磋商处理问题时所使用的函件。在实际工作中，商务信函是贸易双方保持密切联系的工具，可以作为签订协议书或合同的法律凭证，也是解决争议的法律依据。

（二）商务信函的特点

1. 商务性

商务信函的作用是准确而具体地传递双方的各类商务信息。

2. 时效性

商务信函的内容多是急需解决的各种具体商务问题，具有时效性。贻误时机就会失去效用，甚至造成经济损失。

3. 单一性

商务信函通常要直接或间接地达到某种经济目的或解决某个问题。其行文对象一般只有一个，一事一文。

二、商务信函的类型

商务信函按发函目的和内容不同可分为交易磋商函和争议索赔函，下面着重介绍交易磋商函和争议索赔函。

（一）交易磋商函

交易磋商函的主要内容包括表达建立合作关系的意愿、介绍交易条款、推销产品、询价与报价、商谈价格、商洽修改合同、寄送购货合同、催发货与催提货等。

（二）争议索赔函

双方发生交易纠纷后，受损方会向违约方提出索赔要求，而违约方则需要就受损方的索赔要求作出答复或满足其索赔要求。在这一过程中使用的函即争议索赔函。争议索赔函主要包括交涉货物、要求支付货款、拒付货款、索赔、拒绝赔偿、理赔等内容。

三、商务信函的结构与写作方法

（一）标题

标题包括发文单位、事由及文种，事由是对正文主要内容的精练概括。

（二）行文对象

行文对象指商务信函的接收者，在标题下面另起一行顶格写，如“××市外贸公司”。如写给企业主或企业负责人，应在姓名后加职务，或加“先生”“小姐”“女士”等词。

（三）开头

开头是引据部分，应简述发函缘由，要求简明扼要，切忌啰唆冗长。复函还需摘录对方来函的主要内容。

（四）主体

主体要清楚地写明发函目的、主要内容。

询价函主体部分可以向对方索要商品目录、价目单、商品样品并询问交货日期、结算方式等。

报价函主体内容要写明商品名称、规格型号、价格、数量、结算方式、发货日期、包装、运输方式等。

订购函主体部分一般应包含商品名称、规格型号、数量、价格、结算方式、包装、交货日期、交货地点、运输方式、运输保险等内容。

索赔函主体部分主要包括五项内容，即简述事由，陈述对方违约事实，说明索赔具体理由，陈述对方违约给自己带来的损失，提出具体的索赔要求。

（五）结尾

如果要求对方答复，结尾可使用“候复”“盼复”“希速复为盼”“请函复”等用语。

如仅为阐明我方意见，并不要求对方答复，可用“专此函达”“特此函达，希洽办”等用语，还可有礼貌地提出希望或要求。

（六）附件

附件在正文之后，一般包括销售合同、协议书、报价单、发票等。附件的名称、编号、件数必须写清楚，不得错漏。

（七）落款

落款包括签名与日期。正文末尾右侧写上发文单位名称，加盖发文单位印章，下一行写上发函日期，年、月、日要齐全。

四、商务信函例文评析

例文 1

关于建立业务关系的函

××物流公司：

自××网站获知贵公司名称和联系方式，特此修函，希望能与贵公司发展业务关系。

多年来，本公司在国内北方地区经营鞋类业务，现欲将业务范围扩展到华南地区。

盼贵公司惠赐货物运输项目目录和报价单。如价格合适，本公司将与贵公司开展长期业务合作。

烦请早日赐复。

××鞋业有限公司

20××年4月15日

【例文评析】这是一篇希望建立业务关系的商务信函。函件开头说明通过何种途径取得了对方的联系方式，以示礼貌，并对自身加以介绍，最后索要目录和报价单，这是建立业务关系的必要途径。结尾表现了合作的诚意，又能引导对方给出相对合理的报价。

例文 2

关于运输服务项目及价格的复函

××鞋业有限公司：

本月15日收到贵公司来函，不胜欣喜。谨遵要求随函奉上我公司最新服务项目目录和报价单，以及华南各省市服务网点一览表。如欲合作，欢迎电话或传真联系。

顺颂商祺。

附件 1. ××物流公司运输项目目录与报价单

2. ××物流公司华南各省市服务网点一览表

××物流公司

20××年4月16日

【例文评析】这是针对上面例文 1 给出的复函。全文表现出乐于合作的热情，将项目目录和报价单以附件形式发出。此文短小精悍，既能传递必要的商务信息，又能做到语言客气委婉，体现了合作诚意和基本礼仪。

思考与练习

1. 请根据以下材料写一篇商务信函，要求内容全面、语言简洁、结构完整。

××泵业公司计划为职工团购约 150 套住房，并了解到卓越房地产公司开发的静怡园项目地段比较适合，但不了解该楼盘的户型、面积及价格等。××泵业公司办公室欲向卓越房地产公司发函了解这些信息，并争取价格低于市场价 15%。

2. 根据以下材料写一篇商务信函，可在内容上作合理增删。

××家具专卖店准备在《××晚报》上投放为期一周的彩色广告，但是不了解广告价格，欲向该报社广告部发函询问。

第二节 调查问卷

一、调查问卷文体概述

（一）调查问卷的含义

调查问卷是调查者根据调查目的和要求设计的，由一系列问题、备选答案、说明及代码组成的书面或电子文案，又称调查表。

通过调查问卷，调查者能够了解社会热点和公众需求，为撰写调研报告、进行公关咨询、制定决策提供第一手材料。调查问卷能够在较大范围内获取信息，而且便捷高效。由于问卷已经围绕调查目的和主题将问题固定下来，所以得到的信息比较全面，避免了其他信息获取方式带有随机性的不利影响。

（二）调查问卷的特点

与其他获取信息的方式相比，调查问卷具有以下优点：能够突破时空限制，在广阔范围内针对大量对象同时采集信息；获取信息高效，结果易于量化，便于统计分析。调查问卷的缺点是：回收率较低，填写质量难以保证。

二、调查问卷的类型

调查问卷按照问题特点不同分为封闭式问卷、开放式问卷和半封闭式问卷。

（一）封闭式问卷

封闭式问卷以封闭式问题为主，问题的答案范围已在问卷上确定，受访者只需在给定的备选答案中作出选择。

（二）开放式问卷

开放式问卷的问题是开放式的，不设置固定的答案，受访者可根据自己的情况自由发挥。

（三）半封闭式问卷

半封闭式问卷介于封闭式问卷与开放式问卷之间，既有确定答案范围的封闭式问题，也有供受访者自由发挥的开放式问题。

三、调查问卷的结构与写作方法

（一）标题

调查问卷的标题可以采用“调查主题＋文种”的模式，如“消费满意度调查问卷”，也可以由“调查单位＋事由＋文种”构成。

问卷标题下方左起顶格可以写明称谓，即对调查对象的称呼，如“尊敬的顾客”“尊敬的客户”等，也可以省略称谓。

（二）前言

前言在标题之后、主体之前，主要内容包括调查的背景、目的、意义以及填写要求、注意事项、调查单位等。前言一般篇幅简短，如非必要也可不写。

（三）主体

调查问卷的主体为调查问题及备选答案。

1. 问题设置

调查问卷的问题应紧紧围绕调查目的和主题，根据需要设计封闭式问题或开放式问题。

2. 备选答案

封闭式问题的备选答案应当全面涵盖所有可能情况，避免出现疏漏。如果情况十分复杂，难以将全部可能概括完整，则可将主要情况设计成若干备选项，另外设计“其他”项。备选项应当按照一定顺序排列并标注序号。

3. 问题排列与编号

调查问卷的问题应当按照一定的逻辑顺序排列，常用的顺序有时间顺序、类别顺序、先易后难顺序等，也可以先问基本情况再问主要问题。全部问题应采用统一连续的序号。

4. 问题数量

问题数量决定了问卷的长度和答卷的时间。应根据调查目的的实际需要确定合理的问题数量，一般将答卷时间控制在 20 分钟左右。

四、调查问卷例文评析

例文

新能源汽车购买意愿调查问卷

近年来，我国新能源汽车获得了广大消费者的青睐，市场份额快速增长，涌现了一批新能源汽车品牌。为进一步了解消费者购买新能源汽车的意愿，特进行此次调查，期待您热情参与！请根据您的具体情况选择恰当的项目。

1. 您的性别是？

A. 男　　B. 女

2. 您的年龄是？

A. 25 岁以下　　B. 25 ～ 30 岁　　C. 30 ～ 40 岁　　D. 40 ～ 50 岁

3. 您的职业是？

A. 国家机关与企事业单位负责人　　B. 专业技术人员

C. 办事人员　　D. 商业、服务业人员

E. 其他

4. 您的最高学历是？

A. 高中及以下　B. 大专　C. 本科　D. 硕士及以上

5. 您是否已取得驾照?

A. 是　B. 否

6. 您更偏爱哪种车型?

A. 新能源型汽车　B. 内燃机型汽车

7. 您所在的地区停车场是否有新能源汽车充电桩?

A. 有　B. 没有　C. 不清楚

8. 您认为新能源汽车的优势有哪些?

A. 成本低且环保　B. 驾驶体验感好

C. 驱动效率更高　D. 噪声更小

E. 有政策补贴，购置更加便宜

9. 您认为新能源汽车存在哪些缺点?

A. 充电缓慢　B. 续航里程短

C. 售后服务不够完善　D. 成本更高

E. 其他

10. 如果您计划购买新能源汽车，主要用途是什么?

A. 上下班　B. 商业用途

C. 日常生活　D. 长途旅行

E. 短途旅游　F. 其他

11. 您倾向于购买哪个国家生产的新能源汽车?

A. 中国　B. 德国　C. 美国　D. 日本

E. 韩国　F. 其他国家

12. 您倾向于购买哪个价位的新能源汽车?

A. 10 万元以下　B. 10 万～15 万元

C. 16 万～20 万元　D. 20 万元以上

13. 您选购新能源汽车时通常会考虑哪些因素?

A. 价格　B. 品牌　C. 外观　D. 售后服务

E. 续航里程　F. 质量稳定性　G. 国家补贴或税费减免政策

H. 其他

14. 请您对新能源汽车的发展前景打分，分数为____分（5 分制，最低 1 分为完全没有发展前景，最高 5 分为非常有发展前景）。

15. 您对新能源汽车厂商有何建议和看法?

____

【例文评析】该问卷紧紧围绕调查目的设置问题，从多个角度了解受访者的购买意向，收集的信息比较完整。问卷分为前言、基本情况（1 ~ 5题）、购置意向（6 ~ 15题）三部分。前言简要介绍了调查目的和答题注意事项；基本情况部分包含常见的个人信息，回避了个人姓名等敏感的隐私信息，能够消除受访者的顾虑；第三部分内容详尽，问题的类型、数量和备选答案设置合理，填写问卷不会占用大量时间。

思考与练习

1. 从以下3项中任选一个主题，编写一份封闭式调查问卷。

（1）青少年手机使用情况。

（2）青少年日常生活消费情况。

（3）青少年课外文化生活情况。

2. 根据以下材料编写一份调查问卷，要求内容明确，格式规范，可合理增删内容。

×× 研究机构准备对该市“啃老族”进行调查，主要了解该市“啃老族”在年轻人中所占比例、形成的主要原因，以及对养老和家庭结构的影响。

第三节 市场调查报告

一、市场调查报告文体概述

（一）市场调查报告的含义

市场调查报告也称市场调研报告，是在对市场情况进行调查、分析的基础上撰写的整理市场信息、揭示市场规律、提供决策参考的一种调查报告。

市场调查报告是“调查”和“报告”的结合，因此调查是撰写报告的基础和前提，调查的质量与收获直接决定着报告的写作质量和价值。因此，在进行书面写作之前必须进行深入细致的市场调查。

（二）市场调查报告的特点

1. 针对性

市场调查报告在选题上应强调针对性，围绕主题展开调查和论述。市场调查报告还应明确阅读对象。不同阅读对象的要求和所关心问题的侧重点也不同。

2. 新颖性

市场调查报告要紧紧抓住市场活动的新动向、新问题等提出新观点，应从全新的视角发现问题，用全新的观点看待问题。

3. 时效性

市场信息千变万化，市场调查一旦滞后，就失去了存在的意义。因此，市场调查报告应注重时效性，追踪市场信息的最新变化，以便抓住市场机会。

4. 科学性

市场调查报告不只是单纯地报告市场客观情况，还要通过对事实进行分析研究，从中寻找发现市场发展变化的规律。这就需要写作者掌握科学的分析方法，以得出科学的结论，以及解决问题的方法、意见等。

二、市场调查报告的类型

（一）市场需求调查报告

市场需求调查报告主要反映市场对某个或某类产品的需求量，并分析影响需求的主要因素，重点围绕购买力、购买动机和潜在需求三个方面展开分析。

（二）竞争对手调查报告

竞争对手调查报告主要反映竞争对手的总体情况、竞争能力及其新产品的发展动向等，为企业制定竞争策略提供参考。

（三）经营策略调查报告

经营策略调查报告主要反映企业经营策略及其效果，主要内容包括产品定位、价格、广告、推销策略、销售和技术服务等，其目的是分析了解企业的销售行为是否符合市场需求，便于及时发现存在的问题并进行调整。

（四）市场综合调查报告

将以上三种类型的市场调查报告结合在一起的报告称为市场综合调查报告，其内容丰富，能够发挥多方面的作用。

三、市场调查报告的结构与写作方法

（一）首部

1. 封面

封面包括标题、客户、报告编写机构、日期等内容。

市场调查报告的标题分为两种：一是由“事由＋文种”构成，如“华北地区啤酒市场调查报告”；二是由“报告编写机构＋事由＋文种”构成，如“××地产公司关于××市房地产行业的市场调查报告”。

客户即本调查报告的委托单位或委托人。报告编写机构即接受客户委托进行市场调查的单位或部门。日期即市场调查报告的成文日期，年、月、日要齐全。

2. 目录

如果报告篇幅比较长，可以列明目录，便于读者阅读。

3. 摘要

摘要是市场调查报告的内容提要，是对市场调查报告的整体概述，可以让读者对整个市场调查报告有整体认识。

（二）主体

1. 前言

市场调查报告一般需要前言，主要内容为调查的缘起、目的、对象、范围、内容、方法、时间和地点等有关调查活动的说明。前言部分对供决策使用的市场调查报告具有特殊的意义，决策部门可据此更准确地把握调研的结果。

2. 论述部分

（1）基本情况

这部分对调查数据资料及背景进行客观的介绍说明，提出问题。

（2）情况分析

这部分在客观材料基础上提出有见地、有说服力的分析意见，内容包括原因分析、利弊分析、预测分析。在调查所了解的客观情况基础上，对信息进行深入分析，一般采用议论的方式表述从调查中发现的问题、规律。

市场调查报告篇幅往往较长，情况分析部分的内容需要分为若干方面，分别进行表述。可设置多个小标题，使条理、结构更加清晰。

3. 结论和建议

结论和建议是在上面对调查基本信息分析的基础上，所作出的结论和建议，一般包括以下几方面内容：

（1）概括全文，综合说明市场调查报告的主要观点，深化文章的主题。

（2）形成结论。在对真实资料进行深入、细致、科学分析的基础上，得出报告结论。

（3）提出看法和建议。通过分析，形成对事物的看法。在此基础上，提出建议和可行性方案。

（4）展望未来，说明意义。通过调查分析展望未来前景。

四、市场调查报告例文评析

例文

将减肥进行到底

——减肥产品市场调查报告

随着生活水平的提高，人们对于吃的要求不再是仅仅满足于吃饱，而是要吃好。于是，许多高脂肪、高热量的美食成了大众餐桌上的常客，肥胖成了一种越来越严重的“富贵病”。为了实现健康的生活目标，越来越多的人开始步入瘦身大军，各种各样的减肥产品广告屡见不鲜。

为了深入了解消费者需求，制定合理的营销策略，20×× 年 5 月，×× 有限公司就减肥产品的市场消费情况进行了一次调查，入户访问了 395 名 ×× 市的普通消费者。

一、有减肥需求的主要人群

调查结果显示，在受访者中最希望减肥的是 20 ~ 30 岁的人群，占到 31.2%；其次是 41 ~ 50 岁的人群，占到 26.8%；最后是 61 ~ 70 岁的人群，仅占 6.3%。在所有这些人中，平均期望体重为 56 ~ 75 kg。而在具有减肥欲望的人群（以下简称减肥人群）中，平均期望体重为 56 ~ 58 kg，其中女性中希望减肥的人明显多于男性。

在减肥人群中，身高较矮者和体重超重者比例较高。所有受访者期望体重减轻平均值为 5.13 kg，其中减肥人群平均值为 6.82 kg。

从以上数据可以看出，一些年纪较小并且身材相对较矮小的女性是主要的减肥人群。

二、减肥动机源于保持优美的体形和良好的健康

调查数据显示，有46%的受访者减肥的原因是保持优美的体形，有42%的受访者因为身体健康的原因想减肥，有60%的受访者减肥的原因是想让自己能穿过去的衣服，希望自己活动更加灵活的有40%，出于其他原因的有20%。

三、减肥产品中减肥茶最受欢迎

调查数据显示，减肥茶是减肥人群最常选用的减肥产品，约有82.4%的消费者选用了减肥茶。减肥食品的选用率为22.3%，减肥药品的选用率为17.1%，其他减肥产品的选用率为3.69%。

减肥茶是一种各年龄段、各种体形、各种职业的人都比较喜爱的减肥产品。减肥茶以其服用方便、副作用小、价格适中等优势受到了广大减肥者的喜爱，这也是其使用频率较高的主要原因。

减肥食品的选用与消费者的经济情况直接相关，减肥食品在口味上较减肥药丸等减肥药品更容易被消费者接受。

四、减肥效果是决定消费者选择的关键因素

调查数据显示，产品减肥效果以83.5%的中选率成为受访者选择减肥产品的主要因素。产品价格中选率为55%，使用方便性中选率为47.1%，副作用中选率为40%，品牌知名度中选率为13.8%，品牌信任感中选率为13.2%。

这说明，消费者在选择减肥产品时，考虑最多的是产品的效果。

五、目前市场上减肥产品的效果不尽如人意

调查数据显示，44%的受访者认为目前的减肥产品效果一般，22%的受访者认为比较明显，20%的受访者认为没有什么效果，11%的受访者认为效果不明显，只有3%的受访者认为效果很明显。

这说明，消费者对目前使用的减肥产品的效果总体来说不太满意。如果按照5分制来衡量，消费者正在使用的减肥产品的平均得分只有2.78分。选择减肥产品的人，多数对减肥产品存在预期目标，许多消费者对于各种减肥产品的减肥要求较高，而事实上许多减肥产品并没有达到他们预期的效果。当服用减肥产品后没有达到预期目标时，人们便会认为问题是出在减肥产品的功效上，因此消费者对目前市场上减肥产品的信任度相对较低。

六、无效退款和免费试用的促销方式更受青睐（下文略）

七、购买场所以药店为主（下文略）

八、对减肥产品生产厂家的建议

1. 牢牢抓住中青年市场

减肥已经不再是少男少女的专利，许多青年人出于对身体健康的关心和对美的追求加入减肥者的行列中，他们具有比较理性的消费心理和比较强大的消费能力。同时越来越多的中年人也开始减肥，这类人群通常不采用激进的减肥方法，而愿意采用比较温和的方法，而且他们减肥的目标一般比较低，没有特别的界限，对减肥效果多以自我感觉进行评估。中老年人特别是中年妇女是减肥产品销售额增长的重要来源。

2. 将减肥茶作为主打产品

一段时间内，减肥茶仍占据主要市场，其优点在于单价不贵，使用方便，比较贴近日常生活。减肥茶的主要缺点是需要长期连续使用才能产生明显的效果。同时，有不少减肥茶使用者已经形成了消费习惯，即使在体重上已经合理，他们仍然会坚持饮用。减肥药品属于药类，不会对减肥茶形成巨大的威胁，因此在一段时间内，减肥茶仍将占据减肥产品市场的主要地位。

3. 正确细分减肥市场，满足不同细分市场的要求（下文略）

4. 将药店和连锁综合商店作为销售主渠道（下文略）

5. 宣传时应增加来自医生的观点（下文略）

××公司市场调研部

20××年6月9日

【例文评析】这是一篇关于减肥产品市场消费情况的市场调查报告。该文标题采用正副标题形式，既活泼醒目，又清晰准确。全文从多个方面深入表述了调查的结论和观点，多处使用数据和议论，使人们对这类产品的市场消费情况有清晰的了解。最后，在调查结果的基础上对企业提出了建议，使报告具有较强的参考价值。

思考与练习

1. 某手机厂商准备开发一种新型的老年人专用手机。请对目前老人使用的手机从功能、外形、价位等方面进行调查，并撰写一篇市场调查报告。

2. 某影楼准备推出一种集旅游、度假和结婚照拍摄于一体的新型服务项目，但对其市场需求和消费者接受度存有疑虑。请你针对该项目进行市场调研，撰写一篇市场调查报告。

第四节　招标文书

一、招标文书的主要类型

（一）招标公告

1. 招标公告的含义

招标公告是招标人（指提出招标项目的法人或其他组织）为了将招标信息发布出去而采用的告知性文体，一般通过报刊或者其他媒介公开发布。

2. 招标公告的类型

招标公告的类型主要取决于招标工作的性质。按照招标内容来划分，可以分为建筑工程招标公告、劳务招标公告、大宗商品交易招标公告、设计招标公告、企业承包招标公告、企业租赁招标公告等。按照招标的范围来划分，可以分为国际招标公告、国内招标公告、系统内部招标公告和单位内部招标公告等。

（二）招标书

1. 招标书的含义

招标书也称招标文件，是招标人向潜在投标人（指参与投标竞争的法人或其他组织）发出的要约邀请文件，一般包含招标项目内容、招标范围、招标数量、招标要求、投标人资格要求、投标程序、投标文件（又称投标书）编制与递交要求、评标标准与方法、合同条款与技术标准等内容，对招投标各方均具有法律约束力。

招标书的内容比较复杂，某些情况下附件比较多，因此往往需要单独装订成册。

招标书和招标公告的主要区别有：一是招标公告内容相对比较简单，而招标书的内容非常详细；二是招标公告的主要作用是将招标项目信息广而告之，而招标书的作用是便于投标商了解项目具体要求。

2. 招标书的类型

（1）工程建设项目招标书

工程建设项目招标书内容往往比较复杂，有时会编制成套的册子。

（2）货物采购招标书

货物采购招标书内容往往侧重于货物的规格、型号、质量等具体标准要求。

（3）服务项目招标书

服务项目招标书侧重于服务范围、服务方式、服务要求等内容。

二、招标公告的结构与写作方法

（一）标题

招标公告的标题一般由招标人名称、项目名称和文体名称（招标公告）构成，如“××房地产开发公司××项目电梯采购招标公告”，如有必要可写明年份。

如果招标人尤其是招标代理公司发布的招标公告数量较多，为了便于管理，就需要为每份招标公告编制序号，序号一般由招标人名称缩写、年度和顺序号构成，可以在标题下一行居中或右侧位置注明。

（二）前言

招标公告一般需要在最前面写简短的前言，主要内容为招标依据、时间，并表明欢迎投标的诚意。

（三）主体

招标公告主体是招标信息的关键部分。招标公告应当载明招标人的名称和地址，招标项目的性质、数量、实施地点、实施时间以及获取招标文件的办法等事项，具体包括以下内容：

1. 招标项目的基本信息，如项目名称、性质、数量、实施地点等。
2. 对投标人资格条件的要求。
3. 获取招标文件的办法、地点、时间和费用。
4. 招标人的名称、地址和联系方式。
5. 需要公告的其他事项。

上述内容应当尽量简洁，能够写入招标文件的内容应当在招标文件中载明，投标人可以在获取招标文件后详细了解。

（四）落款

落款应注明招标人名称（加盖公章）及发布时间，年、月、日要齐全。

三、招标书的结构与写作方法

（一）封面和目录

招标书篇幅较长，需要单独的封面和目录。封面的内容包括项目名称、标段名称（如有）、“招标文件”四字、招标人名称和公章、时间。

（二）正文

招标书正文一般包括以下内容：

1. 招标公告或投标邀请书

招标书的前面一般应附上招标项目的招标公告。

2. 投标人须知

投标人须知是招投标活动应遵循的程序规则和对编制、递交投标文件等投标活动的要求。主要内容包括：

（1）项目概况

招标书应说明项目已具备的招标条件、项目招标人、招标代理机构、项目名称、实施地点等。

（2）资金来源和落实情况

招标书应说明项目的资金来源、出资比例、资金落实情况等。这是投标人借以了解招标项目合法性等情况的重要信息。招标人资金落实到位，既是招标必备的条件，也是调动投标人积极性的一个重要因素，同时，有利于投标人对合同履行风险进行判断。

（3）招标范围、计划工期和质量要求

招标范围、计划工期和质量要求的内容是投标人需要了解的实质性内容，也是合同的主要内容。

（4）投标人资格要求

招标书应根据招标项目的需要和国家相关法律、法规，提出对投标人资格的要求，将不具备这些资格的潜在投标人排除。

（5）保密要求

招标书应要求参加招投标活动的各方禁止泄露招标文件和投标文件中的商业和技术秘密。

（6）语言文字

除专用术语外，招标书一般均要求相关文书使用中文。

（7）计量单位

招标书所有计量单位均应采用中华人民共和国法定计量单位。

（8）踏勘现场

招标书中可写明踏勘现场的具体时间、地点、方式等内容。

3. 评标标准和评标方法

招标书应当明确规定评标标准、评标方法和除价格以外的所有评标因素，以及如何将这些因素量化或者据以进行评估。

4. 技术条款

招标人根据招标项目的特点和需要编制招标书时，应载明招标项目每个标段或标包的技术标准、技术参数等各项要求。

5. 投标文件格式

招标书可以提出对投标人提交的投标文件的具体要求，如文件构成、格式样式等，以便在评标时进行对比评价。

6. 合同主要条款和合同格式

招标书应载明拟签订合同的主要条款及格式，以便投标人进一步明确中标后自己的权利与义务。

7. 附件和其他要求投标人提供的材料

这些材料包括各种图纸、表格、资格证明文件、模板文件等附件资料，可附于招标书的最后，供参照使用。

四、招标文书例文评析

例文 1

××公司装修工程招标公告

××公司拟对位于××街×号中远大厦一层的办公楼进行装修，现对该装修工程进行招标，欢迎合格的投标人参加投标。

一、工程内容

室内外装修装饰，消防系统、强弱电、空调系统综合布线，广告牌制作等。

二、工程概况

1. 工程名称：×× 公司装修工程；建设地点：×× 市 ×× 街 × 号中远大厦一层；建筑面积：75 461 m^2；工期：50 天。

2. 发包范围：见施工图。

3. 资金来源及落实情况：自筹，已落实。

4. 质量等级：优良。

三、投标报名条件

投标人须是具备建设行政主管部门核发的建筑装修装饰工程专业承包二级（含）以上资质的法人或其他组织。

凡具备承担招标项目的能力并符合上述规定资格条件的施工企业，均可参加投标。

四、投标报名方式、时间和地点

1. 投标人必须提交以下证件方可报名。

（1）安全生产许可证原件。

（2）营业执照原件、资质证书原件、企业简介等。

（3）未拖欠工人工资证明原件。

（4）法定代表人授权委托书原件。

（5）被委托人身份证原件。

（6）以往施工经验介绍（含相关证明材料）。

2. 投标人报名地点：×× 市 ×× 大厦 ×××× 室。

3. 投标人报名截止时间：20×× 年 7 月 20 日中午 12 时。

4. 领取招标文件时间：20×× 年 7 月 22 日上午 9 时。

5. 现场踏勘时间：20×× 年 7 月 22 日上午 10 时。

6. 开标时间：20×× 年 7 月 31 日上午 9 时。

7. 开标地点：×× 大厦 6 楼会议室。

8. 参加报名的投标人应按照招标文件要求的时间和地点递送投标文件，按时参加开标会，并按照招标文件要求如数交纳投标保证金（3 万元）。否则丧失投标资格。

联系人：×× 联系电话：××××××××

地址：××× 路 ×× 号 传真：××××××××

招标人：×× 公司

20×× 年 7 月 10 日

【例文评析】这是一份对外公开招标的招标公告，主要内容是介绍项目概况，提出对投标人资格的要求，说明投标需要的相关文件以及时间安排。全文信息全面，要求明确。

例文 2

××公司20××年度办公大楼物业服务项目招标文件

封面（略）

目录（略）

第一章　招标公告

项目概况

××公司20××年度办公大楼物业服务项目招标项目的潜在投标人应在××省××市××路××号××大厦××室获取招标文件，并于20××年××月××日9时30分（北京时间）前提交投标文件。

一、项目基本情况

1. 项目名称：××公司20××年度办公大楼物业服务项目

2. 预算金额：1 090 000元

3. 最高限价：1 090 000元

4. 采购需求

（1）标的名称：××公司20××年度办公大楼物业服务项目

（2）标的数量：1项

（3）简要技术需求或服务要求：本项目确定一家中标人为采购人提供物业服务，包括但不限于安全保卫、清洁、绿化养护，以及大楼设备设施的使用管理、保养和一般性维修工作的配合。

5. 合同履行期限：自合同签订之日起一年。

6. 本项目不接受联合体投标。

二、投标人的资格要求

1. 投标人为依法在市场监督管理部门或行业主管部门登记成立的企业、机构。

2. 提供具备提供服务所必需的设施、人员和专业技术能力的书面声明（提供《投标人资格声明函》）。（下文略）

三、获取招标文件

时间：20×× 年 ×× 月 ×× 日至20×× 年 ×× 月 ×× 日每天9：00至17：00

地点：×× 省 ×× 市 ×× 路 ×× 号 ×× 大厦 ×× 室（下文略）

四、投标文件提交截止时间和提交地点

时间：20×× 年 ×× 月 ×× 日9时30分（北京时间）

地点：×× 省 ×× 市 ×× 路 ×× 号 ×× 大厦 ×× 室

五、公告期限

自本公告发布之日起5个工作日。自20×× 年 ×× 月 ×× 日至20×× 年 ×× 月 ×× 日止。

六、其他补充事宜

1. 获取招标文件方式

（1）网上报名（下文略）

（2）现场报名（下文略）

2. 如需咨询本次招标事宜，请按以下方式联系。（下文略）

第二章　投标人须知

一、总则（限于篇幅，以下只列出标题，具体内容略）

1. 项目概况

2. 资金来源和落实情况

3. 招标范围和采购需求

4. 投标人资格要求

5. 费用承担

6. 保密要求

7. 语言文字

8. 计量单位

9. 踏勘现场

10. 投标澄清

11. 分包

二、招标文件

1. 招标文件的组成

2. 招标文件的澄清

3. 招标文件的修改

三、投标文件

1. 投标文件的组成

2. 投标报价

3. 投标有效期

4. 投标保证金

5. 备选投标方案

6. 投标文件的编制

四、投标

1. 投标文件的密封和标识

2. 投标文件的递交

3. 投标文件的修改与撤回

五、开标

1. 开标时间和地点

2. 开标程序

3. 开标异议

六、评标

1. 评标委员会

2. 评标原则

七、合同授予

1. 定标方式

2. 中标候选人公示

3. 中标通知

4. 履约担保

5. 签订合同

八、重新招标和不再招标

1. 重新招标

2. 不再招标

九、纪律和监督

1. 对招标人的纪律要求

2. 对投标人的纪律要求

3. 对评标委员会成员的纪律要求

4. 对与评标活动有关的工作人员的纪律要求

5. 投诉

十、需要补充的其他内容

第三章　评标方法和标准

一、评标方法

本次评标采用综合评估法。评标委员会对满足招标文件实质性要求的投标文件，按照本文件规定的评分标准进行打分，并按得分由高到低顺序推荐中标候选人，或根据招标人授权直接确定中标人，但投标报价低于其工程成本的除外。综合评分相等时，投标报价低的优先。投标报价也相等的，由招标人或其授权的评标委员会自行确定。

二、评标标准

1. 初步评标标准（下文略）

2. 分值构成与评分标准（下文略）

三、评标程序

1. 初步评审（下文略）

2. 详细评审（下文略）

四、评标结果（下文略）

第四章　技术标准和要求

一、一般要求（下文略）

二、特殊技术标准和要求（下文略）

三、适用的国家、行业及地方规范、标准和规程（下文略）

第五章　投标文件格式

一、投标文件包装封面参考（下文略）

二、投标文件目录（下文略）

第六章　合同条款及格式

甲方（采购人）：

电话：

住所：

乙方（中标人）：

电话：

住所：

根据《中华人民共和国民法典》的规定，经协商，双方本着平等互利和诚实信用的原则，一致同意签订本合同如下。（下文略）

【例文评析】这是一份招标书，全文内容完备，层次清晰，有利于投标人理解并据以编制投标文件。

思考与练习

1. 请通过网络搜索一篇招标公告，分析其结构，并在主体部分摘录关键信息。

2. 假如你所在的学校准备以招标形式采购一批多媒体教室的设备器材（如计算机、音响系统、投影仪、控制台等），请查阅相关资料，起草相关的招标公告和招标书。

第五节 投 标 书

一、投标书文体概述

（一）投标书的含义

投标书是投标人按照招标人在招标书中提出的标准和要求，对自身的条件进行自我审核后，向招标人递交的提出自己投标意向和实施方案的书面材料。

（二）投标书的特点

1. 竞争性

在招标采购中，投标人数量往往比较多，因此投标书具有竞争性。为了能够中标，投标人在制作投标书时必须充分展示自己的实力和优势，如更优质的产品和服务、更低廉的价格、更有保障的售后服务。

2. 针对性

投标人一定要以招标人所提出的各项要求为依据，展示自己的实力优势，严格按照招标书中的内容，有针对性地编写投标书的内容。

3. 法律约束性

投标书为中标后签订合同提供了依据，条款一经写入投标书，就具备了严格意义上的法律约束力。

二、投标书的类型

和招标书类似，投标书的类型主要取决于招标项目的类型，主要分为工程建设项目投标书、货物采购投标书和服务项目投标书。

三、投标书的结构与写作方法

投标书一般独立成册，具有封面和封底。

（一）封面

投标书的封面应注明投标书标题、投标人名称及投标书制作时间，必要时可在投标人名称上加盖公章。投标书的标题一般采用两种方式，即“投标人名称＋‘投标书’”，如“北京 ×× 有限公司投标书”；或者“项目名称＋‘投标书’”，如“×× 学院体育馆座椅采购项目投标书”。

（二）前置部分

投标书的前置部分包括以下内容：

1. 目录

目录即投标书的详细目录，便于评标人查阅。

2. 投标函

投标函是投标人给招标人的信函。

3. 投标人简介

这一部分的主要内容包括投标人的名称、成立时间、性质、经营范围、技术水平、经营业绩等信息。

4. 法定代表人身份证明或授权委托书

法定代表人身份证明包括法定代表人的姓名、性别、年龄、职务等有关法定代表人的相关信息和资料。法定代表人身份证明应加盖投标人公章。

若投标人的法定代表人不能亲自签署投标文件，则法定代表人应签署授权委托书，授权代理人全权代表其在投标和签订合同过程中处理一切与此有关的事项。授权委托书中应写明投标人名称、法定代表人姓名、代理人姓名、授权权限和期限等。

（三）主体部分

各种类型的投标书尽管涉及的招标项目有所不同，具体要求也不尽相同，但是主体部分内容大致相同，具体如下：

1. 投标报价文件

投标人应按照招标文件中提供的工程量清单或货物、服务清单及其投标报价表格式要求编制投标报价文件，这是投标文件的核心内容。投标人根据招标文件及相关信息，计算出投标报价，提出反映自身竞争能力的报价。投标报价对投标人竞标的成败和将来实施项目的盈亏具有决定性作用。

2. 技术、服务和管理方案

这部分内容主要包括以下几类文件：

（1）工程施工组织设计方案

投标人编制施工组织设计方案时，应说明施工方法、主要施工设备情况、劳动力计划等，结合工程特点提出切实可行的工程质量、安全生产、文明施工、工程进度等方面的措施。

（2）货物技术性能参数说明

这些文件按照招标文件中的技术要求提供投标货物的详细技术说明及证明资料，证明投标货物的质量合格并在技术性能上能够满足招标文件中的技术要求。投标文件还应说明为保障货物及时供应而设计的交付工作方案，例如根据需要和实际情况说明运输方式、交货时间与地点等信息。

（3）服务技术建议书

服务类招标项目的技术、服务和管理方案一般称为服务技术建议书，内容包括工作范围、工作标准、技术要求、重点与难点分析、完成任务的方法和步骤、工作方案、现场服务机构设置与人员安排、相关设备的配备、质量保证体系与措施。

3. 资格证明文件

资格证明文件主要包括证明投标人资质、财务情况、业绩情况、涉及的诉讼情况等方面的文件。

四、投标书例文评析

例 文

××市太阳城物业服务投标书

封面（略）

目录（略）

投标函（略）

一、××物业管理有限公司简介

××物业管理有限公司成立于20××年8月，注册资本为300万元，管理面积逾百万平方米，现为二级资质物业服务企业、××市物业管理协会理事单位、中国物业管理协会会员单位。（下文略）

二、太阳城概况及物业特点分析

太阳城位于××市××路与××大道交叉口，紧邻××游乐园、××广场，多路公交车直通全市，交通便利，地理位置极其优越。（下文略）

三、太阳城物业服务思路（下文略）

四、物业服务标准承诺

本公司郑重承诺，在太阳城基础硬件完备的情况下，接管太阳城两年内使其成为××省多层住宅小区物业管理的典范。一年内客户满意率达到98%以上，一年内达到市级物业管理示范小区标准，两年内达到省级物业管理示范小区标准。具体标准见下表。

序号	项目	承诺指标	具体措施
1	房屋及配套设施完好率	99%以上	采用分工负责制，责任到人。建立完善的巡查制度，健全档案记录制度，每半年进行一次房屋及配套设施完好率检查
2	房屋零修、急修及时率	99%以上	维修人员24小时待命，接到维修通知立即组织维修，15分钟内到达现场。零修工程及时完成，急修工程不过夜，建立回访制度，做好回访记录
3	绿化完好率	99%	专人负责绿化养护、保洁工作
4	保洁率	100%	保洁员按保洁标准进行操作。保洁工作落实到人，监督检查得力，严格考核
5	维修工程质量合格率	100%	对维修工作进行全程控制、监督检查，并按规定及时回访

（下文略）

五、办公用房与物资装备计划

（一）管理用房与护管员宿舍等用房共计 75 m²，包括：

1. 办公室：45 m²（其中包括主任办公室 15 m²，客户服务部办公室 30 m²）。

2. 维修部：30 m²（作为机电维修操作间）。

护管员宿舍和管理处食堂与开发商另行协商解决。

（二）器械、工具、装备及办公用品计划（下文略）

六、费用测算

（一）物业服务费用

物业服务费用为 42 834 元 / 月。

（二）其他费用（见下表）

序号	项目	测算依据	月支出（元）
1	办公费		3 150
2	通信费	200 × 2 ＋ 150 × 1=550（元）	550
3	低值易耗品费		300
4	办公水电费		500
5	业务费		300
合　计			4 800

（三）物业服务收支测算

1. 每月支出费用（下文略）

2. 每月收取费用（下文略）

七、太阳城物业服务工作方案

（一）内部管理机制

1. 内部管理架构（下文略）

2. 人员配备方案（下文略）

3. 岗位职责（下文略）

4. 工作流程（下文略）

5. 信息反馈（投诉处理）渠道及时间（下文略）

6. 物业资料管理（下文略）

（二）设备设施管理服务方案

本小区设施设备管理主要由管理处维修部承担，公司提供人员、技术支持，不定期派有关专家前来指导，并选派 5 名技术骨干负责维修部的工作。公司将严格控制好维修技术人员的选聘，加强培训，造就一支业务水平高、责任心强、爱岗敬业的技术队伍。

1. 供配电设备

工作内容：维护供配电设备良好的工作状态，确保小区电力供应正常，为营业及居民用电提供可靠的电力保证。

工作要点：（下文略）

2. 公共照明（下文略）

3. 给排水系统（下文略）

4. 消防系统（下文略）

5. 房屋及附属设施的维护、修缮（下文略）

（三）公共秩序管理服务方案（下文略）

（四）保洁服务方案（下文略）

（五）绿化服务方案（下文略）

八、物业服务工作标准

（一）保洁工作标准

1. 地面（室内所有公共区域的地面）：抽查不同位置 3 ~ 5 处，无明显灰尘、污渍及杂物。

2. 墙面（室内所有公共区域的墙面）：用卫生纸擦拭任意位置 80 cm 长，卫生纸无明显污渍。

3. 楼梯（室内所有楼梯）：抽查 2 ~ 3 层，无痰渍、烟头、口香糖、纸屑、垃圾及蜘蛛网。

4. 玻璃及镜面（室内所有玻璃门、玻璃窗、玻璃幕墙、镜面）：抽查不同位置 3 ~ 5 处，每处抽查 1 m^2，无水渍、污渍、手印，洁净、明亮。

5. 卫生间：墙面无水渍、污渍；地面无积水、烟头、纸屑、口香糖等；洗手盆无水渍，洁净；小便池无锈渍、烟头等；大便池无锈渍、大便、烟头等，无明显臭味。

（二）绿化工作标准（下文略）

（三）车辆管理工作标准（下文略）

（四）设备设施维修保养工作标准（下文略）

（五）房屋维修保养工作标准（下文略）

九、附录（下文略）

【例文评析】这是一份服务项目投标书，限于篇幅这里仅列出了部分内容。投标人为物业服务企业，所提供的产品是无形的服务。该投标书针对招标书和社区的要求与具体情况，比较详尽地说明了所提供的物业服务的方案、标准、价格等承诺性内容，并且附有能够证明投标人资质和能力的各类证书的复印件。

思考与练习

1. 投标书有哪些特点？请在网上查找一份投标书，结合具体内容予以分析说明。
2. 请在网上查找一份投标书，指出该投标书的主要内容，并分析其具体要求。

第六节 意向书与协议书

一、意向书文体概述

（一）意向书的含义

意向书是在正式签订协议书之前，由一方向另一方表明基本态度或提出初步设想的一种表达合作意愿的书面文件。

意向书记载当事人合作意愿，主要是表达双方初次洽谈后彼此认可的若干原则性意见，或是提出以后洽谈的安排和设想。它是双方进行实质性谈判的依据，是签订协议书或合同的先导。

（二）意向书的特点

1. 协商性

意向书是双方初步协商的产物。意向书多用商量的语气，不带任何强制性。

2. 意向性

意向书对实质性的关键问题无须作出具体、准确的表述，而只表达原则性的意向。

3. 临时性

意向书是阶段性产物，只在双方从初步接触到签订协议书或合同这一段时间内发挥作用。一旦签署了协议书或合同，意向书也就完成了使命。

4. 不具法律效力

意向书不像协议书、合同那样具有法律效力，当事人不是必须履行自己的承诺。意向书签订后，如果一方不履行承诺而使合作搁浅，那么其只是在道义上失信，一般难以追究法律责任。

（三）意向书的类型

根据合作内容不同，意向书可以分为新产品开发合作意向书、工程基建合作意向书、产品购销合作意向书等多种类型。

二、协议书文体概述

（一）协议书的含义

协议书有广义和狭义之分。广义的协议书是指社会组织或个人处理各种事务时常用的契约性文书，包括合同、条约、公约、联合宣言、联合声明等。狭义的协议书是指社会组织或个人对某一事项经过谈判协商取得了一致意见后，订立的一种具有法律效力的契约性文书。

（二）协议书和意向书的区别

1. 性质与作用不同

协议书具有约束力，具有法律效力，属契约性文书。意向书没有法律效力，属草约性文书。

2. 内容要求不同

协议书的内容比意向书具体，并且有违约责任。意向书内容较粗略，细节不完全确定。

（三）协议书的特点

1. 合法性

协议书的内容、形式和订立程序都要遵守国家的法律法规。

2. 平等协商、自愿互利

平等协商、自愿互利是签订协议书的前提和基础，签订协议书的双方地位是完全平等的，应充分协商、互相尊重。双方取得的权利和承担的义务也应当是对等的。任何一方不得把自己的意志强加于对方，任何其他单位和个人也不得非法干预。

3. 约束性

双方要切实履行规定的义务，信守约定。如果一方由于故意或过失造成违约，必须承担相应的责任。

（四）协议书的类型

1. 经销协议书

经销协议书是一个企业为销售另一个企业的产品而订立的协议书。

2. 委托协议书

委托协议书是关于受托人为委托人处理事务的协议书，其主要特征是受托人以委托人的名义为委托人处理事务，由委托人承担法律后果。

3. 代理协议书

代理协议书是企事业单位与代理人之间就双方共同目标、权利义务、业务关系等进行协商后达成的书面协议。

其他类型的协议书如租赁协议书、承包协议书等。

三、意向书的结构与写作方法

（一）标题

标题可以采用“项目名称（事由）+文种”，如“×× 花园项目合作开发意向书”。也可是“合作单位+项目名称+文种”，如“上海市 ×× 公司、新加坡 ×× 产业公司合作经营塑料品意向书”。有的只用“意向书”三字作为标题，这种方式适用于一般合作项目。

（二）当事人

这一部分要写明当事各方的全称与代称、法定代表人、委托代表、地址、电话等基本信息。

（三）正文

1. 前言

前言写明订立意向书的依据或指导思想、商谈时间及地点、合作事项等，继而用“双方就有关事宜达成如下意向”导出主体部分。

2. 主体

主体部分是意向书的重点，一般写双方的意图及初步商谈后达成的共识和比较认同的事项。应分条归纳双方的意愿，各条的内容要相对完整。

最后一般应写明“未尽事宜，在签订正式合同或协议书时再予以补充”一语，以便留有余地。

（四）落款

落款应写明签订意向书各单位的名称并加盖公章，写明法定代表人或其委托代表姓名、通信地址、电话号码及日期。

四、协议书的结构与写作方法

（一）标题

标题可写明协议书的性质，如“赔偿协议书”“代理协议书”“委托协议书”等，也可以只写“协议书”三字。

（二）当事人

这一部分要写明拟签订协议书各方单位或个人的名称，并注明代称，一般用“甲方”“乙方”。

（三）正文

1. 前言

前言简要说明签订协议书的原因、目的、依据，然后可用程式化语言，如“现就有关事项达成协议如下”。

2. 主体

主体部分应就有关事宜作出明确、全面的说明，尤其要写明当事各方的权利和义务。

主体部分大多用条款罗列，不同类型、不同性质的协议书所包括的条款也不一样，都根据双方协商的结果而定。

3. 结尾

协议书的结尾一般需要说明协议书份数、有效期、保存人或单位等。

（四）落款

协议书最后必须写明签订协议书各方单位（及其负责人）或个人的名称，单位要加盖公章，个人可盖本人私章或摁手印。内容重要的协议书，还可邀请公证机构公证，并签署公证意见、公证人姓名、公证日期，加盖公证机构印章。最后写上签订协议书的日期。

五、意向书、协议书例文评析

例文 1

投资合作意向书

甲方：×× 产业基金管理有限公司

乙方：×× 信息技术有限公司

甲乙双方经平等协商，就合作开展 ×× 产品开发与推广达成如下合作意向。

一、合作项目

1. 名称：××××。

2. 技术水平：国际领先，广泛应用于汽车无人驾驶领域。

3. 知识产权：该产品为 ×× 信息技术有限公司自主知识产品，已获国家发明专利（专利号略）。

4. 合作内容：产品升级开发、产品生产、产品市场推广。

二、双方义务

1. 甲方同意提供资金用于产品升级开发。

2. 甲方同意将该项目列入政府扶持项目库并积极向相关政府部门申报专项扶持资金。

3. 乙方同意甲方投资，甲乙双方共同出资组建新公司，作为负责项目运营的实体，各自占有股份另行商定。

4. 乙方负责提供合作开发项目的技术方案，组织有关技术力量实施产品开发。

5. 双方确定具体的联络人员开展日常联络工作。

三、合作程序

双方商定在适当时间相互考察，根据考察结果，共同确定具体合作方式、内容和步骤。

四、合作方式

双方本着互惠互利、利益共享、风险共担的原则，根据项目实施规律和特点确定利益分配和风险承担模式。具体内容由双方另以合同约定。

五、本意向书一式四份，甲乙双方各执两份。

甲方：×× 产业基金管理有限公司
联系地址：×× 市 ×× 路 × 号
×× 大厦 × 层
代表：张 ××（签字）
电话：××××××××
20×× 年 × 月 × 日

乙方：×× 信息技术有限公司
联系地址：×× 市 ×× 路 × 号
×× 产业园
代表：孙 ××（签字）
电话：××××××××
20×× 年 × 月 × 日

【例文评析】这是一份合作意向书。前言比较简洁，主要是用意向书的习惯用语导出主体部分。主体部分写明合作项目、双方义务、合作程序、合作方式等方面的内容。结尾写明意向书份数，落款部分是双方单位名称、代表签字及联系信息。全文各条款内容只确定原则上的意向，没有涉及具体的数字，可为日后签订实质性的合同奠定基础。

例文 2

协 议 书

甲方：×× 热能技术有限公司

乙方：×× 燃气储运有限公司

经甲乙双方友好协商，就乙方向甲方销售并输送天然气事宜，达成如下协议：

一、标的及其数量

天然气为普通民用天然气（乙方提供气质分析报告），数量约为 ××m^3。

二、价格

1. 天然气按 ×× 元每立方米计价，据实结算。

2. 甲方租用乙方的天然气汽车槽车及相关调压设备，租金按每天 ×× 元计，据实结算。

三、付款方式

甲方每月月底据实结清所购天然气款项，乙方应提供正规的发票。

四、气压要求

调压后的气压应在 4 000 ~ 6 000 Pa 并可调。

五、供气时间

1. 第一次供气时间为 20×× 年 4 月 8 日 8 时至 4 月 10 日 24 时。

2. 第二次供气时间为 20×× 年 4 月 17 日 8 时至 4 月 18 日 18 时。

3. 若供气时间有更改，甲方应提前24小时通知乙方，乙方必须保证在规定时间内到达甲方现场。

六、解决纠纷的方式为协商或仲裁。

七、其他未尽事宜，由双方协商解决。

八、本协议书一式四份，双方各执两份，由双方单位盖章后生效。

甲方：×× 热能技术有限公司　　乙方：×× 燃气储运有限公司
（盖章）　　（盖章）
法定代表人：×××（签字）　　法定代表人：×××（签字）
20×× 年 4 月 11 日　　20×× 年 4 月 11 日

【例文评析】这份协议书格式规范，结构严谨，措辞庄重，甲乙双方把有关销售并运输天然气的事宜写得具体明了，对标的名称、数量、价格、付款方式、气压要求及供气时间等问题都作了十分明确的安排，对双方的有关权利和义务进行了明确界定。

思考与练习

1. 聚水文化传播公司与《×× 晚报》广告部经过友好洽谈，初步达成共识，前者成为后者的广告代理商，双方拟签订合作意向书。请为这两家单位撰写一份意向书。要求：（1）内容明确；（2）语言简洁、格式规范。

2. 某校会计专业的应届毕业生小李经过面试成为一家会计师事务所的实习生，双方需要签订一份实习协议书，请你代为撰写。该协议书应当符合以下要求：（1）明确各自的权利和义务；（2）格式规范，措辞严谨，合乎协议书的写作要求。

第七节　合　同

一、合同文体概述

（一）合同的含义

合同是民事主体之间设立、变更、终止民事法律关系的协议书。

在商务活动中，合同是明确合作各方责任和义务关系的重要文书，其作用主要有：有利于维护合同当事人的合法权益，明确当事人的权利、义务；维护社会经济秩序，促进市场经济健康发展；可以保障交易安全，一旦发生纠纷可以将合同作为证据进行司法裁决。

合同与协议书有着密切的联系，同时也有所不同。合同是协议书，但协议书不都是合同。从所涉事务的广泛程度看，协议书针对的事务更加多样化，而合同主要面向经济关系；从内容特点看，协议书内容侧重原则性，比较简略，而合同内容具体详细，可操作性更强；从时间先后看，复杂重大的商业项目合作可先签订协议书，后签订正式合同；从法律效力来看，合同的效力往往比协议书更强。

（二）合同的特点

1. 平等

合同当事人在谈判、签订合同、履行合同时法律地位平等，不可把自己的意志强加给对方，也不能强迫对方接受不公平的条款。

2. 自愿

当事人依法享有自愿订立合同的权利，任何单位和个人不得非法干预和强迫。

3. 公平

当事人所享有的权利和承担的义务应大体对等，在利害关系上大体平衡。根据公平原则合理分配合同风险，合理确定违约责任。

4. 诚实

订立合同时，当事人不得有欺诈或其他违背诚实守信原则的行为。

5. 遵守法律

当事人订立、履行合同，应当遵守法律、法规，尊重社会公德，不得扰乱社会经济秩序，损害社会公共利益。

二、合同的类型

典型的合同类型有买卖合同、赠与合同、借款合同、保证合同、租赁合同、融资租赁合同、保理合同、承揽合同、建设工程合同、运输合同、技术合同、保管合同、仓储合同、委托合同、物业服务合同、行纪合同、中介合同、合伙合同等。

根据形式不同，合同可以分为书面合同、口头合同和其他形式合同。书面形式可以是文书、信函、电报、传真等能够有形地表现所载内容的形式。电子数据交换、电子邮件等方式能够有形地表现所载内容，并可以随时调取查用，因此数据电文也可视为书面形式。

三、合同的结构与写作方法

（一）标题

可以直接用合同的类型作为标题，如“技术合同”。也可采用“合同标的+合同类型”的模式，如“商品房买卖合同”。如果合同数量较多，为了便于管理，可在标题之下写上合同编号。

（二）当事人

合同应写明各方当事人的名称、住所等信息，并指定代称，通常使用“甲方”“乙方”，也可以写作“供方”“需方”“买方”“卖方”“发包方”“承包方”“托运方”“承运方”等。但是不可以写“你方”“我方”“贵方”等不易理解、容易混淆的代称。

（三）主体

1. 前言

前言部分要用简洁概括的文字，说明各方签订合同的目的、缘由和依据。一般用“本着平等互利的原则，经双方协商一致，签订本合同”作为本段结束语。

2. 正文

正文是合同的核心部分，是经各方协商一致而达成的条款。合同的主要条款应包括以下内容：

（1）标的

标的是合同当事人的权利和义务所共同指向的对象。标的是合同有效成立的前提条件，没有标的或标的不明的合同既无法履行，也不能成立。标的可以是物品、货币、劳务、智力成果等。签订合同的各方对标的的表述要一致，表述必须具体明确。

（2）数量

数量包括数字和计量单位。计量单位有统一规定，重量、长度、体积、面积等都要用国家法定计量单位。

（3）质量

质量是指标的内在品质与外观形态的优劣程度。质量必须有具体的规定，如采用国家标准、部颁标准或企业标准。

（4）价款或者报酬

价款或者报酬是取得标的一方当事人向对方支付的用货币数量表示的代价。

（5）履行期限、地点和方式

履行方式主要指交付方式和结算方式。有关费用的承担及支付方法也要表述清楚。

（6）违约责任

如果当事人由于过错造成合同不能履行或者是不能完全履行，合同中应约定过错一方应承担的经济责任。

（7）解决争议的办法

解决争议一般有双方协商、申请仲裁和法院判决三种方法。

合同还往往包括不可抗力条款。如果发生了当事人不能预见、不能避免且不能克服的客观事故（包括但不限于战争、洪水、地震、台风等），导致履行合同困难时，当事人可根据这一条款，部分或全部免于承担责任。

除上述条款外，合同还应根据相关法律规定或当事人的要求写明其他条款，如合同份数、有效期、变更合同的条件、合同附件的名称或件数等。

（四）尾部

合同尾部要写明合同当事人单位（或个人）名称、地址、法定代表人姓名、开户银行、银行账号等内容。单位应加盖公章，法定代表人要签名。最后填写签订日期。这些信息应当分列排版，以示平等。

有些合同有特殊要求或有附件，也应在尾部注出。通常在合同正文“其他条款”之后注明：“合同附件、附表均为本合同的组成部分，且有同等的法律效力。”例如，工程承包合同要在附件中列出工程项目表、工程进度表、工程图纸等。这些附件、附表名称均写在合同落款的最下方。

四、合同例文评析

例文 1

买卖合同（模板）

买方（甲方）：

卖方（乙方）：

甲乙双方本着平等互利、协商一致的原则签订本合同，以资双方信守执行。

第一条　商品名称、种类、规格、单位、数量

品名	种类	规格	单位	数量	备注

第二条　商品质量标准

商品质量标准可选择下列第______项作为标准。

1. 附商品样本，作为合同附件。

2. 商品质量，按照________标准执行（副品不得超过____%）。

3. 商品质量由双方议定。

第三条　商品定价及合同总金额

1. 商品定价，甲乙双方同意按______定价执行。如因原料、材料、生产条件发生变化，需调整价格时，应经甲乙双方协商。否则，由违约方承担相应经济责任。

2. 合同总金额：____

第四条　包装方式及包装品处理（下文略）

第五条　交货方式

交货时间：________年____月____日

交货地点：____________________________________

运输方式：____________________________________

第六条　验收方法（下文略）

第七条　付款日期及结算方式（下文略）

第八条　运输及保险（下文略）

第九条　运输费用负担（下文略）

第十条　违约责任

1. 如甲方延付货款或甲方付款后乙方无货，造成对方损失，过错一方应偿付对方本合同总金额______%的违约金。

2. 乙方如提前、延期交货或交货数量不足，乙方应偿付甲方本合同总金额____%的违约金。甲方如不按交货期限收货或拒收合格商品，应偿付乙方本合同总金额____%的违约金。任意一方如提出增减商品数量或调整交货时间，应提前通知对方并征得同意，否则应承担经济责任。

3. 乙方所发商品有不合规格、不合质量标准的，甲方有权拒绝付款（如已付

款，应予退款退货），但须先行办理收货手续，并代为保管，然后立即通知乙方，因此所发生的一切费用损失，由乙方负责。如乙方要求代为处理，甲方须负责迅速处理，以免造成更大损失，其处理方法由双方另行协商决定。

4. 本合同约定的违约金，视为违约的损失赔偿。甲乙双方没有约定违约金或者预先赔偿额的计算方法的，损失赔偿额应当相当于违约所造成的损失，包括合同履行后可以获得的利益，但不得超过违约一方订立合同时预见到或者应当预见到的因违约可能造成的损失。

第十一条　甲乙双方因不可抗力不能履行合同时，应当及时通知对方，并在合理期限内提供有关机构出具的证明，可以全部或部分免除该方当事人的责任。

第十二条　本合同在执行中发生纠纷，甲乙双方不能协商解决时，可向双方所在地人民法院提起诉讼（或申请由__________仲裁机构仲裁）。

第十三条　本合同如因故不能履行或需要修改，必须经双方同意，并互相换文或另订合同，方为有效。

第十四条　本合同一式两份，甲乙双方各执一份。

甲方：__________（盖章）	乙方：__________（盖章）
法定代表人：__________（盖章）	法定代表人：__________（盖章）
开户银行及账号：__________	开户银行及账号：__________
______年____月____日	______年____月____日

【例文评析】这是一份格式合同，主要围绕商品买卖这一交易行为组织全文内容，在实际使用时可以根据情况填入相关信息。全文采用分条列举法从标的的基本信息、质量标准、价款、交货方式等方面明确了双方的权利和义务，内容完备，格式规范。

例文 2

运输合同（模板）

甲方（托运方）：

乙方（承运方）：

根据《中华人民共和国民法典》有关规定，甲乙双方经友好协商，就乙方向甲方提供货物运输服务事宜达成以下协议。

第一条　货物情况

1. 货物名称：____

2. 货物重量或数量：____

3. 货物包装方式：____

第二条　服务内容

1. 乙方为甲方提供运输服务，具体包括以下项目：

（1）货物的装卸和搬运。

（2）货物的跟单和配送。

（3）根据甲方要求对货物进行加工和整理。

2. 运输方式：____

3. 起运地点：________________，到达地点：______________

4. 起运与到达时间：____年____月____日____时起至____年____月____日 24 时止。

第三条　服务费用及结算方式

1. 运费总额（合同总金额）为人民币________元，大写________元。

2. 结算方式：按次结算，分批支付。本合同签订当天，甲方向乙方支付运费总额的 50%（即人民币______元，大写______元）作为预付款。货物运达双方约定目的地当天，甲方向乙方支付运费总额的 50%（即人民币______元，大写______元）。

3. 乙方收款账户信息

开户银行：________________________________

账户名称：________________________________

账号：____________________________________

第四条　双方权利与义务

1. 甲方的权利与义务

（1）甲方有权要求乙方按照合同规定的时间、地点、方式将货物运输到目的地。

（2）甲方应当按照合同约定的时间和要求支付合同款项。

（3）甲方不得托运易燃、易爆、有毒、有腐蚀性、有放射性的危险物品。

（4）甲方应当提供必要的货物信息和相关单据。

（5）货物运输需要办理审批、检验等手续的，甲方应当将办理完有关手续的文件提交乙方。

2. 乙方的权利与义务

（1）乙方有权要求甲方提供必要的货物信息和相关单据。

（2）乙方应当按照合同规定的时间、地点、方式将货物运输到目的地。

（3）乙方应当对运输过程中的货物损失、损坏承担赔偿责任。

第五条　违约责任

1. 如甲方未按照合同约定的时间和要求支付合同款项，乙方有权要求甲方支付违约金，违约金的数额为合同总金额的10%。

2. 如乙方未按照合同规定的时间、地点、方式将货物运输到目的地，甲方有权要求乙方支付违约金，违约金的数额为合同总金额的10%。

3. 因不可抗力（包括但不限于洪水、台风、地震、战争等）导致本合同不能履行，双方不承担违约责任。

第六条　争议解决方式

如履行本合同时发生争议，双方应当首先友好协商解决。协商不成的，任何一方均可向当地人民法院提起诉讼。

本合同一式两份，甲乙双方各执一份，具有同等法律效力。

甲方（盖章）：	乙方（盖章）：
地址：	地址：
签约代表：	签约代表：
年　　月　　日	年　　月　　日

【例文评析】这是一份内容简要的运输服务合同模板。合同的内容围绕货物运输服务这一标的，清晰准确地界定了甲乙双方的权利和义务，对于其中所涉及的货物情况、起止地点、服务期限、服务费用等信息进行了准确说明，对于在运输过程中可能发生的违约事项也进行了约定。全文体现了标的的特征，有利于双方在履约过程中维护各自的合法权益。

思考与练习

1. 在网上查找一份购销合同，结合具体内容，指出合同的结构和各部分的要素。

2. 请根据以下材料撰写一份合同，要求合同双方权利义务清晰，格式规范，有关信息可自行补充。

宏业商贸公司是一家服装销售代理商，近日与童真服装厂通过洽谈取得了童真服装厂所有产品的华北地区总代理资格，期限为三年。宏业商贸公司须在合同签订首月一次性订购10万元的产品，之后每月订货资金不得少于5 000元。在三年之中，童真服装厂不得在华北地区指定其他总代理商，华北地区的商家如销售童真服装厂的产品，必须通过宏业商贸公司进货。若宏业商贸公司连续五个月达不到进货要求，则提前解除其总代理资格。相关产品如有质量问题，由童真服装厂负责免费调换或修补。

第八节 广告文案

一、广告文案文体概述

（一）广告文案的含义

广告是通过一定的媒介，向公众广泛传递信息的一种宣传方式。广告文案是广告的具体表现形式，有广义与狭义之分。广义的广告文案是文字、形象、声音等所有广告内容的总和。狭义的广告文案是指广告中的文字部分，即广告文稿。本书介绍的广告文案主要是指广告文稿。

广告文案的基本作用是传递广告信息，将产品的“卖点”向受众进行恰当有效的传达。广告文案是创意的集中体现，在塑造品牌形象和企业形象方面发挥着积极的作用。

（二）广告文案的特点

1. 内容真实

广告文案的内容必须是真实可靠的，虽然在修辞上可以适当夸张，但不可对产品性能进行随意的夸大，否则就有欺骗消费者之嫌。

2. 语言简明通俗

广告文案的语言要求简明扼要，能够明确传递相关信息即可。大多数广告是给大众消费者看的，因此要通俗易懂，多采用生活化语言，不可过于深奥。

二、广告文案的类型

按照载体不同，广告文案可分为报纸广告文案、杂志广告文案、广播广告文案、电视广告文案、车船广告文案、路牌广告文案、其他广告文案等。按照目的不同，广告文案可以分为商业性广告文案和公益性广告文案。

（一）商业性广告文案

商业性广告文案是企业向消费者推销商品或提供有偿服务时使用的文案，目的是提高企业、商品的知名度，吸引消费者购买。参见本节例文 1。

（二）公益性广告文案

公益性广告文案是各类组织机构为了向公众宣传有益的行为或观念而使用的文案。参见本节例文 2。

三、商业性广告文案的结构与写作方法

（一）标题

广告文案的标题就是广告的题目，要求突出主题、简明精练、富有新意。

1. 普通型标题

普通型标题直接说明主题，简单明了，如某牙膏的广告文案标题是“××牙膏，洁齿明星”。

2. 寓意型标题

寓意型标题一般通过修辞的手法或暗示的方式与所要宣传的事物发生联系，达到吸引消费者注意的目的，如某电商网站的促销广告文案标题是“五一放‘价’，实惠来袭”。

3. 对比型标题

对比型标题通过比较的方式，展现对所要宣传事物的介绍，从而引起消费者的注意。例如，某调味品广告文案的标题是“民以食为天，食以味为先”，通过“民”与“食”的对比，吸引消费者对调味品的注意。

（二）正文

1. 导语

导语是广告文案正文的引言，介于标题与主体之间，起到承上启下的作用，一般要对主题进行概括式的介绍，或设置背景，或制造悬念，引出广告文案正文的主体。导语有很多种写法，如悬念式、设问式、介绍式、描写式、对话式等，需要写作者在写作时灵活应用。

2. 主体

主体是对广告文案主题的详细说明。写作广告文案主体时，一定要紧扣主题，抓住

要点，点面结合，层次分明。广告文案主体的写作方法不拘一格，但是必须能够针对产品的市场定位体现产品的主要特点。

3. 结语

结语要简短有力，激发消费者购买欲望。广告文案结语有很多种写法，如总结式、强调式、许诺式等。

（三）广告语

广告语又称标语或广告口号，它是表达企业理念或产品特征、长期使用的宣传短句，在广告文案中往往起到画龙点睛的作用。广告语要简洁明了、意思明确、独特有趣、便于记忆、易读上口。

（四）随文

随文是广告文案的附加性文字，是对正文的补充，它一般写明产品生产企业的名称、地址、联系电话、联系人及售后服务等内容，应准确扼要。

四、广告文案例文评析

例文 1

×××房地产公司广告文案

标题：回家路上，华灯开放。

正文：生来就在这里。习惯了各式各样的店铺与商场，习惯了车水马龙、人流不断，习惯了城市每天都在变得更好，习惯了越来越多的人看好这里，习惯了这里的繁华，习惯了，回家，一路华灯开放。×××（楼盘名称），占据城市繁华中心，让城市愉悦你的生活！

随文：（楼盘名称、开发商信息、电话等，具体略）

【例文评析】这是一篇配有画面的广告文案。画面中，街道华灯初上，车水马龙，回家的人行色匆匆，每个人都走在回家的路上，每个人都奔向属于自己的房子——家。正文部分对画面作了文字上的阐述和深化，可激发消费者购买欲望，而楼盘名称、模型及所在位置慢慢出现在画面上，强化了受众认知。

例文 2

节约用水公益广告文案

标题：节约用水，从现在做起。

画面一：一盆郁郁葱葱的绿萝摆放在办公桌上。字幕一：一盆阔叶的绿色植物。

画面二：绿萝的全部叶子被塑料袋密封起来。字幕二：用塑料袋密封起来。

画面三：没有图像，只有字幕。字幕三：三个小时后。

画面四：将绿萝经过蒸腾作用所生成的水倒进一个玻璃杯里。字幕四：从塑料袋里提取清水。

画面五：杯中只有极少量的水。字幕五：仅此而已。

画面六：没有图像，只有字幕。字幕六：如果我们现在不节约用水，五十年后我们将用这种方法获取饮用水。

【例文评析】这是一篇公益广告文案。这类广告播出的时长非常有限，而需要传递的信息往往又比较重要，因此就需要写作者构思创意，将发人深省的道理以画面和文字展现出来。在这则广告中，画面和文字同样重要。文案中对画面的提示非常简洁，同时以序号标明了镜头的切换顺序。

思考与练习

1. 请走访校园周边的商店或饭店，选择一家有经营特色的店铺，为其撰写一篇广告文案。要求能够体现商家的特点并贴近其主要消费群体特征。

2. 一家主营核桃、碧根果等坚果食品的淘宝店铺准备在“双十一”来临之际进行促销。请为其撰写一篇广告文案。可在内容上合理增删。

第九节 营销策划书

一、营销策划书文体概述

（一）营销策划书的含义

营销策划书是企业借助科学方法与创新思维，研究市场、分析对手并结合自身情况制定的营销方案。营销策划书的基本功能是为营销工作提供设想和依据，并在实践中发挥指导作用。

（二）营销策划书的特点

1. 前瞻性和预见性

营销策划书的内容应前瞻和预判未来工作，能够对未来的市场情况有所把握。

2. 可操作性

营销策划书应具有可操作性，能够在具体实践中执行和参考。

3. 创新性

营销策划书内容应有所创新，能够有新的营销方法和思路，能够出奇制胜。

二、营销策划书的类型

营销策划书根据产品（或服务）的不同类别分为多种类型，如农产品营销策划书、工业产品营销策划书、房地产营销策划书等。

三、营销策划书的结构与写作方法

（一）首部

1. 封面

（1）标题

一般来说，营销策划书的标题有两种形式：一是单行式标题，由“企业名称+产品名称+文种”构成，如“××公司××牌洗衣粉营销策划书”，也可以由“产品名称+文种”构成，如“××牌挖掘机营销策划书”，还可以由“企业名称+文种”构成，如“××食品公司营销策划书”；二是双行式标题，即正标题和副标题组成，如“抓住机遇，再创辉煌——××房地产开发有限责任公司营销策划书”。

（2）策划者名称

封面上要写明策划书主持撰写部门的名称及参与撰写成员姓名。

（3）策划书撰写完成日期及适用时间段

日期及时间段的年、月、日要齐全。

2. 目录

有些营销策划书的内容比较复杂，为便于阅读可设目录。

3. 前言

前言可以写在目录前，也可以写在目录后。如果是委托专业企业撰写的营销策划书，则前言中一般要简单介绍委托情况、策划目的和意义以及策划书的概略情况，这时前言通常放在目录前。如果是本企业撰写，则前言一般写明策划目的和意义，以及策划书的概略情况，这时前言通常放在目录后。

4. 摘要

这一部分用简短的文字阐述全文要点。

（二）主体

1. 营销状况

（1）市场概况

这一部分描述本行业的总体发展状况、本企业在行业中的地位、市场需求、产品生命周期等。

（2）竞争状况

这一部分主要描述市场上生产同类产品或相似产品的主要厂家情况，其产品的市场占有率、主要优势和劣势，以及尚待开发的空白点。

（3）消费者分析

这一部分主要描述目标消费者的年龄、职业、受教育水平、收入水平及其对产品的喜好程度等。

（4）分销状况

这一部分主要描述产品的营销渠道和销售的主要方式。

2. SWOT 分析

这一部分主要根据企业自身情况进行分析，找出企业的优势、劣势及核心竞争力。其中，S 代表 strength（优势），W 代表 weakness（劣势），O 代表 opportunity（机会），T 代表 threat（威胁）。优劣势分析的目的是找到本产品的优势和劣势，从而在营销中发挥优势、避免劣势。机会分析的目的是找到本产品开拓的空间和机会。威胁分析即对本产品在达到预期营销目标的过程中存在的威胁进行分析，如同行业的竞争、消费者需求的变化等。

3. 营销目标和营销宗旨

营销目标即针对相关营销活动设定的具体目标，如销售额、利润额、市场占有率等。营销宗旨即在营销过程中应该坚持和贯彻的主要原则。

4. 营销策略

（1）产品策略

这一部分主要描述产品定位、产品功能、产品品牌、产品开发策略、产品组合等。

（2）销售渠道策略

这一部分主要描述销售产品的途径以及渠道开拓与管理的方法。

（3）价格策略

这一部分主要描述产品的定价、定价依据、价格调整的策略。

（4）促销策略

促销策略包括营业推广策略与广告宣传策略等，主要描述促销活动的时间、地点、方式，以及对本产品进行广告宣传的方法，如广告投放时间、广告投放方式、广告投放媒介、广告投放地域等。

（5）公共关系策略

这一部分主要描述对政府相关部门、经销商、消费者采取的公关方式，以保证本产品在销售过程中有良好的外部环境。

5. 营销费用预算

这一部分主要描述广告费用、促销活动费用、人员培训费用、工作人员费用、公关费用、其他费用等。

6. 实施步骤及计划

这一部分主要描述营销策略具体执行的步骤，一般包括时间、工作内容、人员分工、注意事项等。

（三）尾部

尾部一般将主体中涉及的图片、表格或其他内容标注出来，以供参考。尾部还包括落款，注明撰写单位的名称和成文日期。

四、营销策划书例文评析

例文

×× 食品有限公司 ×× 桶装水营销策划书

封面（略）

前言

×× 食品有限公司是 ×× 集团投资的企业。公司投资 4 500 万元建设 ×× 系列食品生产线，专业从事 ×× 桶装水、瓶装水等系列饮品的生产销售。

近年来，随着人们消费观念的转变及对水质的担忧，家庭桶装水消费量急剧上升，我国桶装水市场以每年 30% 的速度增长。如此巨大的发展空间，为桶装水生产企业提供了巨大的商机。在日益激烈的竞争中，桶装水企业能否正确地分析自身优势、制定适合企业发展的竞争战略是摆在目前的首要任务。

本策划书按照委托方 ×× 食品有限公司进一步拓展 ×× 市市场，提高 ×× 桶装水在 ×× 市的市场占有率的要求进行。策划书提出的主要方法是通过提高送水效率、服务水平和突出产品品质高、口感好这一关键卖点，使得 ×× 桶装水在 ×× 市的年销售量达到 400 万桶，在 ×× 市的市场占有率提高 5% ~ 10%，塑造良好的品牌形象。

目录（略）

一、内容概要

（一）本营销策划书说明了 ×× 食品有限公司准备从 20×× 年开始，通过提高送水效率、服务水平和突出产品品质高、口感好这一关键卖点，提高 ×× 桶装水在 ×× 市的市场占有率，提升其在消费者心中的品牌形象。

（二）本策划书涉及的时间为 1 年。

（三）提高 ×× 桶装水的服务水平和提升 ×× 桶装水在消费者心中的品牌形象，对于公司来说，是基于目前桶装水用户对于送水速度的要求和应对激烈的市场竞争来考虑的。

（四）本策划书涉及的主要目标是：20×× 年，实现 ×× 桶装水在 ×× 市年销售量达 400 万桶，×× 桶装水在该市的市场占有率提高 5% ~ 10%，塑造良好的品牌形象。

二、SWOT 分析

（一）机会

制水产业是极具发展前景的重要产业，国内市场规模每年在 1 000 亿元以上，并且增长迅猛。目前我国居民主要饮水类型为自来水、桶装水、分质供水和自动售水机售水。桶装水的出现改变了人们长久以来的饮水习惯。近年来，随着人们消费观念的转变及对水质的担忧，家庭桶装水消费量急剧上升，更多的家庭用户开始使用桶装水。饮用桶装水成为许多消费者喜爱的消费方式，已牢牢占据饮用水市场主导地位。目前我国桶装水市场以每年30%的速度增长，如此大的发展空间，为桶装水生产企业提供了巨大的商机。（下文略）

（二）威胁

桶装水市场是自由竞争市场，不仅国内知名企业从事各种桶装水的生产，还有地区性的企业争夺饮用水市场，品牌众多。众多的品牌给消费者带来了多样化的选择，同时市场上桶装水企业对价格的控制力较弱，这也决定了桶装水市场的激烈竞争态势。随着市场消费观念的转变和科学饮水观念的普及，消费者已经能够根据自己的需求进行选择，这就进一步加剧了桶装水市场的竞争。（下文略）

（三）优势

××公司具有10年以上生产包装水的经验，拥有独特的生产工艺，技术先进，在批量生产中采用反渗透、离子交换的加工方法去除水中有机成分、有害物质及微生物等，加工制得的纯净水产品不含任何添加物，可直接饮用。生产过程安全环保，对环境无污染。（下文略）

（四）劣势

1. 产品结构单一，产品品类同质化严重。

2. 送水效率和服务水平低，顾客多有不满。

3. 饮水行业的进入门槛低，政府监督有限，消费者难以辨别桶装水质量，这给了一些不合格产品可乘之机。

三、营销目标

20××年，实现××桶装水在××市年销售量达400万桶，××桶装水在××市的市场占有率提高5%～10%，塑造良好的品牌形象。

四、营销宗旨、营销策略及行动方案

（一）营销宗旨

1. 以强有力的广告宣传拓展市场，为产品准确定位，突出产品特色，采取差异化营销策略。

2. 以产品主要消费群体为营销重点。

3. 建立起点广面宽的销售渠道，不断扩大销售区域。

4. 以顾客为导向，为顾客提供优质的产品和服务，通过满足顾客需求实现公司营销目标。

（二）营销策略

1. 产品策略

（1）产品定位：健康安全的饮用水。

（2）产品质量：口感甘甜，清爽怡人，为 ×× 市人民提供高质量、无污染的饮用水。

（3）产品品牌：加强品牌的宣传造势，形成一定的知名度和美誉度，在消费者心目中树立良好的形象。

（4）产品包装：使用专利桶，确保特有品质。

（5）产品服务：提供产品售前、售中及售后服务，为顾客提供高效、优质的服务。

2. 价格策略

（1）以成本为基础，以同类产品价格为参考。目前，在 ×× 市的桶装水市场上，各种品牌桶装水的单价在 15 元左右。而 ×× 矿物质水的单价为 18 元，纯净水的单价为 15 元，与其他品牌差别不大。

（2）拉大批零差价，调动批发商、中间商的积极性。

（3）给予适当数量折扣，鼓励多购。

（4）加强成本控制，形成价格优势，使价格有回旋的余地。

3. 销售渠道策略（下文略）

4. 促销策略

（1）不定期开展阶段性促销活动。（下文略）

（2）加强重点市场的促销活动。（下文略）

（三）具体行动方案

1. 改变送水模式（下文略）

2. 加强技术创新，提高产品质量（下文略）

3. 加强产品宣传（下文略）

4. 开展 ×× 桶装水系列促销活动（下文略）

五、营销费用

本策划书的实施需要广告宣传费 1 万元、促销费 0.8 万元、公关费 0.5 万元、产品研究和开发费 1 万元、其他费用 0.1 万元，总计 3.4 万元。

六、行动方案的控制

（一）动员与准备工作（下文略）

（二）选择实施时机（下文略）

（三）严格控制预算（下文略）

（四）加强方案实施的监控和调整（下文略）

（五）定期评估方案实施效果（下文略）

七、附录

（一）市场调查表（下文略）

（二）统计表（下文略）

【例文评析】这是一篇相对复杂的桶装水营销策划书，结构完整，格式规范。正文内容基本按照营销策划书的标准格式撰写，条理清晰。

思考与练习

1. 请在网上搜索一篇金融产品营销策划书，结合其具体内容，分析营销策划书的结构与写作要求。

2. 某电子科技公司新推出了一款室内空气净化器，主要面向中低端市场，目标消费者以白领青年为主。请查阅相关资料，为该公司撰写一篇产品营销策划书，要求内容完备、分析合理、方法可行。